高品质沟通课

王希◎编著

中国纺织出版社有限公司

内 容 提 要

人际关系学家戴尔·卡耐基说过：“一个人的成功，15%靠技术知识，85%靠口才艺术。”而口才的高低，其实体现着说话者情商的高低。高情商的人，能够始终在沟通中牢牢掌握主动权，让交流按照自己的想法层层递进；懂得如何以言动人，如何捕获人心。因此，他们在交际场中总是如鱼得水，游刃有余。

本书列举了大量生动形象的案例，以深入浅出的语言为读者朋友们阐释了有关初见、提问、赞美、拒绝、说服等各种场景的口才技巧，帮助朋友们了解并掌握口才艺术，从而在未来的日常交际中获得好人缘，并由此获得幸福人生。

图书在版编目（CIP）数据

高品质沟通课 / 王希编著.--北京：中国纺织出版社有限公司，2020.9

ISBN 978-7-5180-7238-5

Ⅰ.①高… Ⅱ.①王… Ⅲ.①心理交往—通俗读物 Ⅳ.①C912.11-49

中国版本图书馆CIP数据核字（2020）第043461号

责任编辑：闫　星　　责任校对：高　涵　　责任印制：储志伟

中国纺织出版社有限公司出版发行

地址：北京市朝阳区百子湾东里A407号楼　邮政编码：100124

销售电话：010—67004422　传真：010—87155801

http：//www.c-textilep.com

中国纺织出版社天猫旗舰店

官方微博http://weibo.com/2119887771

三河市延风印装有限公司印刷　　各地新华书店经销

2020年9月第1版第1次印刷

开本：880×1230　1/32　印张：7

字数：132千字　定价：39.80元

前言

生活在快节奏的今天，人与人之间最直接、最普遍、最快速的沟通方式便是语言沟通。一场沟通是否顺畅、有效，很大程度上取决于参与沟通者的口才，即语言表达能力。而一个人的语言表达能力，与他的情商有着直接的联系。

如今，人们常说，智商决定下限，情商决定上限。众多学者认为，情商这种能力是由五种特征构成的：自我意识、控制情绪、自我激励、认知他人情绪和处理相互关系。很明显，这五种特征正是参与沟通者对于交际效果形成影响的要素。

人际交往中，我们经常看到这些现象：本是好心地与陌生人打招呼，却惹得对方扬长而去；本来聊得好好的两个人，突然因为一句不得体的话生出嫌隙；面对他人的请求，明明没有能力办到，却因为“不好意思”拒绝而硬着头皮应了下来，结果办砸了事不说，还惹得请托人满腹牢骚；被人当面指出错误后，恼羞成怒，与对方争论不休，甚至大打出手……这些，都是人际沟通的反面教材，显露了沟通失败者的低情商。

马云曾说：“情商高，容易成功。情商高的人活得比较轻松自在，大家也更喜欢跟情商高的人做朋友。乐观豁达，懂得倾听别人，敢于表达自己等，都是高情商人的特点。”高情商的人，他们乐观豁达，并能够以这种积极的心态影响身边的人，所以受人欢迎；他们懂得倾听，所以更易知己知彼，直击人心；他们敢于表达自己，所以能获得更多人的认可。古往今来，那些成就卓著者，往往也是口才大家，都是高情商的人。

所以，想要成为口才高手，成为沟通中主宰局势的人，我们首先要成为高情商的人。当我们能够正确看待自己，合理控制自己的情绪并认知他人情绪，能够在不断的自我激励中获得真正的自信时，我们便能以平和的心态与人相处，于云淡风轻中谈笑自若，令自己的每一句话都深入人心，以高超的口才艺术征服他人，成为人群中的焦点。

当然，任何高水准技能的习得，都不是一蹴而就的。人的口才并非生而有之，也很难朝夕之间便有所成，我们只有在后天不断努力，才能不断地向着理想中的自己迈进。然而，延请专业的语言导师帮助自己提升口才，毕竟颇有难度。也正因如此，我们编纂了这本《高品质沟通课》。

本书引用大量名人事例和典型案例，并在此基础上展开剖析，为读者朋友们展示了不同交际场景下的口才艺术——从初次见面到日常交际，从巧妙提问到察言观色，从赞美他人到拒绝他人，从认真倾听到化解尴尬，从巧用修辞到幽默表达，等等场景及应对技巧，都以深入浅出的语言娓娓道来，令读者朋友能够在轻松的阅读中掌握各种口才技巧。

祝愿每一位阅读此书的朋友都能在口才方面有所进益，成为沟通高手，最终获得理想的人生。

编著者

2019年12月

目录

第01章

玩转初见——得体言行让人一见如故

生活中，很多人都不知道如何与他人打交道，尤其是在面对陌生人时，更是不知道如何开口搭讪，导致与陌生人之间关系紧张，也无法进行融洽的交流。其实，人们都是从陌生到熟悉的，即便是父母与子女之间，随着孩子渐渐长大，也都要将彼此作为独立的个体多加了解，才能和谐相处。由此可见，我们每个人都不缺乏对待陌生人的经验，只要能够做到言语得体，想要与陌生人相谈甚欢、一见如故，也并非难事。

一切人际交往，皆以相互尊重为前提

在任何情况下，尊重都是人与人之间交往的基础。一个人只有懂得尊重他人，才能赢得他人的尊重和信任，从而使人际关系更加和谐融洽。尊重，不仅在陌生人之间必不可少，在熟悉、亲密的人之间也是沟通的桥梁、友谊发展的基础。

每个人，不管是在日常生活中，还是在工作中，都难免要与他人沟通。尤其是现代职场，我们经常因为工作关系需要与陌生人打交道。在给他人留下良好的第一印象时，讲究“礼仪”，给予对方足够的尊重，是必不可少的。人人都有强烈的自尊心，渴望得到他人的认可和尊重，我们只有推己及人，恰到好处地照顾他人的颜面，才能博得他人的好感。

秦末汉初，有一天张良散步时走到桥上，突然看到有个穿粗衣布衫的老人坐在桥上。他看到张良远远走来，突然脱下鞋子扔到桥底下，说：“小子，去帮我把鞋子捡回来。”张良看到老人倚老卖老的样子，不由得怒火中烧。但他看到对方年纪很老了，因而转念一想：“我年纪轻轻，为老人帮个忙也无不可。”因此，他快步走到桥下，捡来鞋子，还躬身为老人穿鞋。老人看到张良的表现，满意地笑了，说：“孺子可教也，等到五天之后的清晨，天一亮你就来这里等我。”说完，老人头也不回地走了。

过了五天，张良惦记着和老人的约定，早早起床来到桥上，不承想老人已经等在那里了。看到张良，老人说：“你这个小孩子，年纪轻轻，却让我这个老人家等你。今天就算了，等再过五天，你还是天一亮就来这里等我。”五天之后，张良再次如约来到桥上，但是老人还是比他先到，他依然迟到了……又一个五天过去了，张良半夜就起床去桥上等老人，足足过了两个时辰，老人才慢慢悠悠地来到桥上。看到张良，老人高兴地从怀里掏出一本书递给张良，说：“只要你认真研读这本书，将来一定能够成就伟业，甚至可以担当帝王的老师。十年后，你的成就必然不可与今时同日而语。十三年后，如果你在济北的古城山下看到一块黄石，记住，那就是我。”

趁着黎明微光乍现，张良拿起书仔细地看了起来。这本书名为《太公兵法》，里面详细记载了各种战略、战术。张良每日如饥似渴地认真研习兵书，最终战术高超，能够运筹帷幄，决胜千里。果然，张良得到了汉高祖的重用，于十三年后随同汉高祖一起路过济北。他记得老人之前说的话，因而特意去古城山下，也如愿以偿地看到了一块黄石。张良毕恭毕敬地请回黄石，一生尽心供奉，死了之后也与这块黄石合葬，也算是报答了老人的再造之恩。

张良之所以有此奇遇，就是因为他对老人的故意刁难毕恭毕敬，对于老人给予了足够的尊重。为此，老人才想将他作为衣钵传人，把绝世秘籍《太公兵法》传给了张良。由此，张良的人生彻底改变，从一个默默无闻的人转变为汉高祖的左膀右臂，老人在其中的作用不容忽视。

尊重他人，原本是我们应该做的，不管对方是老人，还是年幼的孩子，我们都应该给予对方足够的尊重。否则，我们又如何希求得到对方的尊重呢？人与人之间的很多事情都是相互的，我们必须推己及人，先尊重他人，才能如愿以偿地得到他人的尊重，使人际关系更加和谐融洽。

合适的寒暄，是打开他人心门的钥匙

对于素不相识的人，如何进行一次友好的谈话是关键。很多时候，人们对于陌生人总是怀有戒备心理，这往往是因为此前并不了解对方，所以难免会觉得对方难以亲近和接触，由此产生抵触情绪。如此一来，人际交往就会因为紧张和戒备陷入恶性循环之中，导致无法顺利进行。其实，任何时候，我们都应该以真诚打动人心，毕竟只有真诚才是人际交往的桥梁；只有以真诚作为敲门砖，我们才能顺利打开他人的心扉，赢得他人的信任和尊重。

对于一场谈话而言，氛围是很重要的。有时候，良好的氛围能够引导人们深入交谈，也能使人们谈兴更浓。与此相反，假如谈话没有氛围，彼此之间难免会觉得尴尬生硬，很多话题也就难以水到渠成地提起。那么，如何才能以真诚打开他人的心扉，从而进行一次和谐融洽的谈话呢？首先，对待陌生人，我们理应面带微笑。微笑，是人与人之间最美好的语言，即便在从未进行过沟通的情况下，笑容也能够瞬间拉近人们之间的距离，使人们心灵更加贴近。试想，你是愿意和一个面带微笑的人交流，还是愿意和一个一本正经、满脸严肃的人搭讪？答案当然是前者。其次，在与陌生人寒暄之时，我们一定要找准话题，争取在寒暄之初就得到对方的认可和好感。否则一旦引起对方警觉，再想打消对方的戒备心理就很难了。也许有人会说："我不知道陌生人对什么话题感兴趣。"其实搭讪的话题有很多，最重要的是认真观察对方，揣摩对方的心思，这样才能一语中的。

周末，小雅带着女儿布丁去小区的广场玩。因为布丁大多数时候都是由姥姥带着的，所以小雅和小区里的小朋友以及家长们都很陌生。看着女儿到了广场就与一个叫佳妮的女孩儿玩了起来，而且看似非常熟悉的样子，小雅便和佳妮的妈妈搭讪："你家女儿多大了？长得可真漂亮！"有哪位妈妈会拒绝他人对自己女儿的赞美呢！佳妮的妈妈马上满脸笑容地回答："我闺女5岁了，你家的女孩儿呢？多大了？"小雅说："我女儿也是5岁，不过她是下半年生的，生日比较小。"佳妮的妈妈说："嗯，看起来的确觉得神情幼稚一些。孩子就是这样，越是年纪小的时候，即使相差很短的日子也能看出来。对了，我看平日里是她奶奶还是她姥姥带得比较多？"小雅说："是啊，我平时工作比较忙，只有周末才有时间陪伴她。我看她们玩得高兴，也猜到她们有可能经常一起玩……你家孩子呢，是你自己带，还是老人帮忙带？”

就这样，小雅和佳妮的妈妈你一句我一句，聊得不亦乐乎。很快，布丁和佳妮成了好朋友，她们的妈妈也成了好朋友，经常带着孩子们聚在一起玩耍。

在这个事例中，小雅显然很懂得搭讪之道。对于一个拥有女儿的妈妈而言，别人对她女儿的夸赞就是最好的寒暄。因而，佳妮的妈妈几乎对小雅毫无抵触心理，而且还因为小雅赞美她的女儿，对小雅颇有好感！对于两位妈妈而言，孩子就是她们最感兴趣的话题，也是她们最好的交流话题。

在与他人寒暄的时候，我们应该学会察言观色，根据对方的诸多表现，选择最适合对方的话题。只要我们处处留心，细致观察，总能找到合适的话题，开展一次愉快的谈话。如果能够适当调节谈话的氛围，还可以为此后的深入交谈奠定基础，从而使得彼此的交流更加深刻。当然，寒暄最忌讳的就是冒昧，也不要交浅言深。在与陌生人初识的时候，不妨就从最无关紧要的话题开始谈起，由此引发新话题，顺势而为，切勿强求。记住，不管以什么话题作为谈话的切入点，真诚都是首要的原则之一。我们理应相信，只要我们足够真诚，对方一定能够感受到我们的真诚，也能够给予我们最美好的回应。

掌握自我介绍法门，开口便令人眼前一亮

众所周知，第一印象对于人们之后的交往影响深远，因而每个人都要努力给他人留下良好的第一印象，从而为后期的交往和相处奠定良好的基础。要想给人留下好印象，我们首先应该保证自我介绍能够深入人心，这样不但能给人留下深刻印象，也能打动他人的心，使他们乐意与我们交往，成为惺惺相惜的朋友。为此，我们每个人都应该学会自我介绍的技巧，尤其是要不卑不亢、淡定从容，使对方感受到你的强大气场，也能使对方认可和接受你，如此一来，未来的交往也就能水到渠成了。

曾经有位名人说，“一个人不管面对何人，第一任务就是把自己推销出去”。不管面对何人何事，我们只有成功地推销自己，才能进行下一步的推进。熟悉的人尚且还好说，因为他们已经对我们的品行有了一定的了解；尤其是在面对陌生人时，我们要更主动地进行自我推销，他人对你的印象才能形成，并且未来都很难被改变。因而我们必须注重第一印象的重要作用，才能更好地与他人相处和交往。

在很多社交场合，陌生人之间初次见面，首先一定会进行自我介绍。所谓自我介绍，目的就是让对方初步了解我们，对我们形成初步的印象。倘若自我介绍做得不好，导致对方对

我们心生厌恶，那么我们即使后来再做弥补，也很难转变对方的观点。相反，恰到好处的自我介绍则能给对方留下良好的印象，从而使对方能认可我们，发自内心地接受我们。通常情况下，自我介绍要让对方了解我们的基本信息，诸如姓甚名谁、年龄职业、家庭籍贯等。如果是与工作有关的，我们还要告诉对方自己的工作经历、有何成就等。通常自我介绍并没有一定之规，我们可以察言观色，根据不同场合来酌情进行介绍。需要注意的是，不管我们是位高还是位卑，都应该不卑不亢地进行自我介绍，既不要过分自傲，不把他人放在眼里，也不要过于谦卑，自觉低人三分。从本质上来说，自我介绍就是一种推销，我们每个人都要把自己成功地推销出去。

在美国，大名鼎鼎的黑人律师约翰·罗克勤不但口才出众，而且是一个非常具有幽默感的人。早在1862年，约翰·罗克勤就在一场听众全部都是白人的演讲会上，公开发表关于“解放黑人”的演说。毫无疑问，一个黑人在白人面前演讲，而且是为了争取黑人种族的权益，约翰·罗克勤的压力是很大的。为此，他精心设计了一个别开生面的开场白，准备缓和气氛，也隆重地把自己推销出去。

当天，盛装出席的约翰·罗克勤面对场下所有的白人听众，刚刚走上演讲台，就一不做二不休，首先对自己的肤色进行了调侃。他落落大方地说：“尊敬的女士们、先生们，今天来到这里，我不仅仅为了发表演说，更是为了给这会场增加一点儿‘颜色’……”约翰·罗克勤话音未落，台下的白人听众们就忍俊不禁，全都发出了会心的笑声，由此，原本紧张的气氛马上缓和下来。接下来，他的演讲自然进行得很顺利，因为他已经以幽默的方式调节了全场的气氛，也使得白人朋友们接受了他这个友善的黑人演说家。

曾经，美国的种族歧视非常严重，作为一名黑人演说家，罗克勤要对着全场的白人进行解放黑奴的演讲，无疑压力很大。但凡有一句话说得不得当，也许就会导致冲突的爆发和矛盾的激化，后果不堪设想。幸好，约翰·罗克勤深谙幽默的技巧，更是以幽默的方式把自己推销了出去，博得了在场的白人听众的好感，且使紧张的气氛得以缓和，可谓“一箭三雕”。原本沉重的话题，就这样在幽默的气氛中变得可以谈论，演讲的效果自然倍增。

约翰·罗克勤对于自我推销的艺术炉火纯青，所以才能最大限度地争取到好的结果。朋友们，虽然我们无须像约翰·罗克勤一样承担沉重的话题，但是我们同样需要掌握自我推销的艺术和技巧。任何情况下，我们都必须努力推销自己，才能得到他人的肯定和认可，这一点毋庸置疑。需要注意的是，在自我推销的时候，一定要把握分寸，既不要过于拖沓冗长，也不要过于简单敷衍。从我们的自我介绍中，他人能感受到我们的态度，从而洞察我们的内心。因而自我介绍不但要起到基本的功能性作用，还要能够给他人留下深刻且良好的印象，实在需要仔细揣摩。

你先以礼待人，他人才会投桃报李

法国著名的思想家孟德斯鸠说：“礼貌使讲礼貌的人喜悦，也使得到礼貌待遇的人喜悦。”这句话告诉我们，不管是讲礼貌的人，还是被以礼相待的人，都能满心喜悦，如此一来，彼此惺惺相惜的两个人，怎么能不好好相处呢？可以说，礼貌也是人际相处的润滑剂，所谓伸手不打笑脸人，人们也不会伸手打那些对自己文质彬彬的人。任何情况下，唯有以礼相待，我们才能如愿以偿地得到他人的礼遇。所谓种瓜得瓜，种豆得豆，说的就是这个道理。

礼貌，不仅仅是我们对他人的馈赠，也彰显我们自身涵养和素质。很多时候，我们抱怨他人没有很好地对待我们，其实更应该做的是反思自身。任何事情，有因必有果，只有付出才能有所收获。

在一个野生动物园里，很多动物居住在一起，和睦相处。水牛、大象、猴子、长颈鹿等动物，都懂得礼貌谦让，唯独有一只美丽的孔雀，总是目中无人，也从来不把其他小动物放在眼里。有一天，这只孔雀在森林里散步，不小心迷路了。正当它感到万分着急时，突然看到一只猴子正在树上摘果子，便仰头问猴子：“喂，小猴子，去公园怎么走？”小猴子低头看了看孔雀，一语不发地攀着树枝爬走了。

孔雀以为猴子没有听到它的问话，因而继续朝前走去。它走着走着，看到一只老水牛正在岸边吃草，便走过去颐指气使地问："喂，老水牛，去公园怎么走？"水牛抬起头看了看孔雀，又低下头继续吃草，丝毫不理会孔雀。孔雀气愤地"哼"了一声，心想："这水牛一定是太老了，耳朵都聋了。"它漫无目的地走啊走啊，又遇到了一只绵羊正在山坡上晒太阳，又喊道："喂，去公园怎么走？"绵羊一声不吭，甚至连头也没抬。这时，有只小猫也来到附近，它问绵羊："绵羊阿姨，请问去公园怎么走？"绵羊抬起头，微笑着对小猫说："小猫，你只要沿着路一直往前走，然后见到路口左拐，再走一会儿就到公园啦！"孔雀在一旁听后心里很纳闷儿，质问绵羊："我问你的时候你为什么装聋作哑？"绵羊不以为然地说："你只会说'喂'，我哪里知道你是喊谁问谁呢？照这样下去，估计你问一个下午也问不出结果吧！你呀，还是向小猫学习学习吧，懂礼貌才能得到他人的帮助！"在绵羊的一番数落下，孔雀才意识到自己的错误，因而羞愧地说："谢谢你，绵羊阿姨，以后我会多多讲礼貌的。"

从此之后，孔雀再也不鼻孔朝天，目中无人了。它与其他的小动物们相处得更加和谐融洽，还结识了很多好朋友呢！

孔雀问路时因为不讲礼貌，所以总是遭到冷遇，根本没有动物愿意给它指路。直到看到绵羊热心地给小猫指路，它才刨根问底，找出了问题的症结所在。

其实，人与人之间的相处更要讲究礼貌，尤其是当你有求于人的时候，哪怕只是问路，也应该讲礼貌，给予他人足够的尊重，这样才能得到他人的礼遇。

朋友们，你们可也曾忘记以礼待人的原则呢？为了让自己的人际关系处理得更加和谐顺畅，我们应该从现在开始努力提升自己的礼貌修养，不管遇到谁，也不管面对的是熟人还是陌生人，都应以礼相待，这样才能如愿以偿地得到他人的肯定和认可，也能得到他人的以礼相待。

好的话题，能迅速拉近心与心的距离

很多人都觉得陌生人难以接触，因为在与陌生人相处的时候，难免会觉得紧张不安，甚至有些手足无措的感觉，谈话也不知道从何开口。人与人之间最远的距离有多远，在人们遭遇见面尴尬的一瞬间就能了解到了。实际上，这看似遥不可及的距离，只要一个好话题就能搭建起桥梁，让人们轻而易举地打开彼此的心扉，开怀畅谈。

如何才能够找到与陌生人之间的好话题呢？这就需要我们察言观色，还要多多用心。每个人都有自己感兴趣的事情，也有自己关切的话题，倘若我们能够发现对方的兴趣点，或者找到对方关注的事情，就能引起对方的谈话兴趣，从而与对方畅所欲言，相谈甚欢。总而言之，一旦找到好话题，人们之间就可以滔滔不绝、一见如故，在倾心的交谈之中，所有的陌生感与隔阂必然会消失，人心自然离得近了。

当然，对于初次见面的人而言，一下子找到对方的兴趣点也是非常困难的。我们可以就地取材找话题，诸如彼此正共同面对的困境，或者是当日的天气等，然后以此引发新的话题，顺势而为，在发现对方的交谈兴奋点时，抓住其兴奋点，引起对方浓重的谈话兴趣，使得对方与你产生共鸣，相见恨晚。如果这些方法都不好用，还可以试探的方式展开话题。这样的试探带着探究的意味，也不会咄咄逼人，因而对方往往不会反感。只要对方不反感，我们当然也就有了更多的机会与对方攀谈，深入交流。总而言之，心与心之间只差一个好话题，有心之人才能尽快找到打开对方心扉的钥匙，让彼此的交流更加顺畅。

作为一名保险推销员，小娜经常遭遇客户的闭门羹。为此，她拜师学艺，好不容易才从一个经验丰富的保险推销员那里找到了与人攀谈的绝密武器——找好话题。

这不，小娜正准备去拜访事业有成的张老板，争取得到张老板手下几百名员工的商业险。一旦签下这单，小娜就能完成一年的营业额，接下来就轻松了。为此，小娜很重视这个张老板。因为他也算是当地有名气的企业家，所以小娜通过各种渠道搜集到了关于张老板的相关信息。她惊喜地发现，张老板居然喜欢跳伞。在他们所处的地级市，跳伞无疑是项非常时髦的健身运动，甚至有人连听都没有听说过。为此，小娜马上开始学习跳伞知识，她的目标是：虽然我没有办法亲自体验跳伞，但是至少要能够与张老板顺畅沟通。

做足准备之后，小娜就带着相关的保单登门拜访张老板。果不其然，小娜险些吃了闭门羹。见到张老板之后，张老板的态度冷若冰霜。简单寒暄之后，小娜看着玻璃柜里展示的跳伞装备，说："张老板，您是跳伞爱好者吗？"提起跳伞两字，张总眼前一亮。他说："是啊，难道你对此也有研究？"得到张老板的回应，小娜开始侃侃而谈，说："当然，我喜欢跳伞，只不过经济实力有限，还从未跳过呢！您跳伞的时候有何感受？真的如书本上所说的那样……"接下来的时间里，小娜变成了一个勤奋好学的学生，张老板则好为人师，把自己跳伞的心得、体验全都分享给了小娜。最终，他们不知不觉间竟然聊了几个小时，小娜丝毫没有提到保险的事情，而是把资料给张老板留下后就告辞了。

过了一个星期，就在小娜等得着急时，张老板居然打来电话，邀请小娜去他的办公室，说想要详细了解下保险条款，小娜欣喜若狂。这次和张老板见面时，他们俨然已经成为老朋友了。就这样，小娜顺利签下了张老板手下几百名员工的保险订单。

在这个事例中，张老板作为一个地级市的企业老板，居然喜欢跳伞，而懂得跳伞的人少之又少，那么张老板必然是非常寂寞的。在这样的情况下，哪怕只是能与他人畅聊一番跳伞，对于张老板而言也是很难得的。因此，他自然与小娜相谈甚欢，而且谈完之后还意犹未尽。不得不说，小娜之所以能够顺利签下张老板手下几百名员工的商业保险，还真要感谢"跳伞"啊！

每个人都有自己感兴趣的事情，如果有可能，在即将面对陌生人时，提前搜集相关资料，从而做到有备无患，更好地与陌生人打交道。一旦找准话题，我们与他人之间的交流就会事半功倍，一见如故也不是不可能的。

沉默也是一种很好的表达

很多人都非常健谈，即使面对陌生人，也能侃侃而谈，自顾自地说上很长时间。如此一来，他们的嘴巴打开了，耳朵却关闭了。他们无法用心倾听对方的声音，也因为嘴巴过于忙碌，使得别人无法插嘴。尤其是当面对陌生人时，一味地倾诉和表达并非明智之举。首先，我们对陌生人一无所知，既不知道其脾气秉性，也不知道其兴趣爱好。所以此时此刻我们喋喋不休地诉说，无异于是盲人摸象，毫无针对性。所谓言多必失，倘若你说得太多，还有可能因为失误引起对方误解，或者在工作上的交接中，因为说得太多而被对方抓住把柄，窥探底线。人之所以拥有两只耳朵，而只有一张嘴巴，就是因为女娲在造人的时候就考虑到，应该让人们少说多听。倾听是最好的交流，在面对不熟悉的人时尤其如此。

相对倾听而言，沉默也是一种非常好的表达方式。面对他人的滔滔不绝，我们保持沉默恰恰是在保护自己。尤其是当我们不知道对方是何居心时，多听总比迫不及待、不假思索地说来得更好。而且，沉默还能适当伪装自己，对于不够稳重的人而言，适当保持沉默恰恰能够让自己显得稳重老成。除此之外，在无法与他人针锋相对、锱铢必较时，沉默也可以让我们不动声色、不费任何唾沫星子，就能表达自己的立场和态度。总而言之，适时的沉默对于人们之间的交流往往能够起到画龙点睛的作用，不可小觑。

作为一个农民发明家，张凯很喜欢利用农忙的闲暇进行发明创造，诸如改进农具等。渐渐地，他也有了名气，还有些人慕名前来购买他的专利。最近，张凯发明了一种新式的烤炉，可以没有油烟做烤鱼，而且烤出来的鱼肉鲜美异常，非常好吃。

很快，得到消息的烤鱼店老板就来到张凯家里，问张凯："哥们儿，我准备花1万元购买你的专利和这个烤炉，行吗？"张凯心中难受，一语不发，继续低着头擦拭刚刚研制不久的烤炉。见此情形，烤鱼店老板心中忐忑不安地说："算了，这也是你辛苦做出来的，要不就1.2万元吧，你觉得如何？"张凯抬头看了烤鱼店老板一眼，又继续低头擦拭烤炉。烤鱼店老板不由得心慌起来，说："1.2万元不低啦，哥们儿，我也就是因为想买你的烤炉，不然我买下专利干吗？我只是个烤鱼的嘛！"张凯沉默着，就像抚摸自己的孩子一样抚摸着烤炉。最终，烤鱼店老板一咬牙、一跺脚，说："好吧，哥们儿，2万元！你卖我就买，不卖我就走了。"这时，张凯才为难地说："好吧，那就卖给你吧，没有钱我也没法儿继续搞发明创造了。"

就这样，张凯以沉默不语的方式，最终把烤炉卖到了2万元的价格。对于张凯而言，这个价格其实已经超出了他的预期，他原本只想着能卖到1.5万元就很不错了，却没想到因为他舍不得而始终保持沉默，反而给了烤鱼店老板很大的压力，最终给出高价，促使其成交。

沉默正因为是无言，让人丈二和尚摸不着头脑，所以反而比喋喋不休、口若悬河更能够给人造成压力，使他变得非常紧张。事例中的张凯正是“无心插柳柳成荫”，这也使他学会了与人沟通的技巧。尤其是在烤鱼店老板面前，因为烤鱼店老板对他一无所知，所以他的沉默更具有威慑力。朋友们，我们也要学会“沉默”的技巧，这样才能震慑他人于无形，也许还会有“无心插柳柳成荫”的惊喜呢！不过需要注意的是，并非一味地沉默就是好事，虽然口不言语，但是也要有相应的回应，否则容易让他人误以为没有得到应得的尊重，若导致人际关系恶化，就会事与愿违，结果反而不好。

攻心有术，才能赢得他人信任

对于任何人而言，我们都无法准确洞察他人的内心。因而虽然每个人都经历了漫长的学习阶段，掌握了许多知识，但是在步入社会以后更多地与人打交道，还需要学会攻心术，这样才能深入他人的内心世界，消除他人对我们的戒心，我们也才能如愿以偿地得到他人的信任，从而使良好的人际关系为我们的人生和工作服务。

现代社会，人际关系已经被提升到前所未有的高度，任何人要想在社会上立足，都必须与他人搞好关系，让良好的人际关系帮助我们实现人生的辉煌。否则，倘若人们在社会上处处都遭人排挤，也得不到他人的认可，如何能够像雄鹰一样展翅翱翔呢？尤其是在现代社会竞争激烈的职场，原本工作压力就非常大，倘若人际关系再不断恶化。则每个人一定会如履薄冰。当然，要想拥有良好的人际关系，我们必须首先打破他人心中的坚冰，现代社会危机频现，大多数人都会对陌生人心怀戒备，这一点毋庸置疑。

玛丽离婚之后，独自搬到一所公寓生活。然而，她住了几天之后发现隔壁有一家寡妇带着两个孩子，尤其是那个小孩子，每当天色渐晚，就总是哭哭啼啼，弄得玛丽也很不耐烦。有一天晚上，公寓的电路突然出现问题，整幢公寓都停电了。玛丽点燃蜡烛，关门闭户，做好安全防护措施。这时，突然传来敲门声。玛丽没好气儿地问："谁呀？""我。"有一个稚嫩的声音传来。玛丽打开门，发现隔壁的那个大孩子站在门口，问："阿姨，您有蜡烛吗？"玛丽摇摇头。她可不愿意招惹这家人，不承想那个孩子突然笑着从怀里拿出两根蜡烛，说："我就知道您没有，看！我给您送来两根蜡烛。妈妈说您一个人住，停电了一定很害怕！"玛丽的眼眶湿润了，她居然睁着眼睛说瞎话，说自己没有蜡烛，却不承想这个孩子摸黑来给她送蜡烛。从此之后，玛丽与隔壁人家就成了好朋友。有的时候玛丽做了好吃的食物，也总是记得给隔壁的两个孩子送些过去。隔壁孩子的妈妈也经常让孩子端来美味的面条或者炸鸡，他们两家人渐渐好得就像一家人一样。

毫无疑问，隔壁的妈妈和孩子以两根蜡烛“雪中送炭”，最终消除了玛丽的戒心，消融了玛丽心中的坚冰。与隔壁邻居隔阂顿消的玛丽不但得到了隔壁邻居的照顾，自己也觉得心情舒畅，毕竟远亲不如近邻，有这样的好邻居是她的福气。

通常情况下，人们都会对陌生人怀有戒心，尤其是在彼此互不了解的情况下，更会不停地揣测他人是否善良友善，是否值得交往。每当这时，我们最应该做的就是主动示好，如果我们能真心真意对待他人，能把他人的点滴需求看在眼里，恰当的时候“雪中送炭”，则一定能够消除他人心中的疑虑，使得原本尴尬生硬的关系变得和谐融洽起来。

尤其是对于女性朋友来说，因为女性和男性相比天生就更加温柔细腻，也更容易被他人接受，在这种情况下，倘若再加上认真细心、友善真诚，则一定能够马到成功，再也不会被他人冷冰冰地拒之门外了。男性则要注意，对于异性不要表现出过分的热情，否则难免让人觉得有所企图。男性朋友在帮助他人或者表示友好时，只要做到不卑不亢、正气凛然，就可以得到他人的信任，也能彻底被接纳。

第02章

提问秘籍——提问得法方能收获多多

人与人交往，难免需要借助于问题一来一往，由此通过回答对方的问题或者从对方的答案中，彼此加深了解，从而避免交谈尴尬、冷场，而且好的提问也能够让对方更加兴致勃勃地与我们展开深入交流。不过，前提是提问必须巧妙、恰到好处，并且能够激发起对方的谈话兴趣，倘若对方对于你所提出的问题不以为然，则很容易对你们之前的交谈兴致索然。假如你所提出的问题恰好触及对方的心灵伤痛，涉嫌故意刁难，也许对方还会愤然离去，不再与你继续交谈下去。由此可见，在交流的过程中，唯有把问题提得恰到好处，才能使问题对彼此间的交流起到辅助和促进的作用。

妙用反问，及时摆脱尴尬境地

人与人在交流的过程中，因为脾气秉性各不相同，也因为世界观、人生观、价值观等各不相同，导致人们彼此之间的观念和见解也不完全相同，导致人们在交流时很容易产生分歧。那么，当交谈因为意见不一致而陷入尴尬境地时，如何做才能打破尴尬局面呢？尤其是在对方提出了犀利的问题，而我们却无法回答时，则沉默会更让人难堪。在这种情况下，倘若你很想反败为胜，或者打破僵局，不如采取反问的方式。首先，反问的方式并不需要你额外想出巧妙的问题，你只需要像踢皮球一样把对方抛出来有意或者无意为难你的问题，再踢给对方即可。其次，反问的方式也能让我们在气势上显得丝毫不输给对方，从而很好地掩饰我们内心的感受。最后，反问的方式还能表现出你思维敏捷，对方也就不好意思再继续刁难你了。反问的好处很多，可谓一举多得，只要我们学会运用，能适用于很多场合，也能帮助我们避免尴尬。

黄超这次参加面试很紧张，因为他很早就对面试的公司有好感，一心一意想得到机会进入该公司。所谓关心则乱，尽管黄超参加其他面试都能淡定自若，但是这次面试他却表现得小心翼翼，生怕哪里做不好就会导致与这份工作失之交臂。

黄超过五关、斩六将，好不容易才经过重重“厮杀”进入最后的面试阶段。他如履薄冰地回答完面试官的问题，不承想面试官最后突然问："你对于公司还有什么希望了解的内容，或者有什么要求要提出来的吗？"黄超一时无语，他意识到这个看似由面试官漫不经心提出来的问题，很可能蕴含着深意。为此，他脑筋一转，巧妙地把问题又抛给了面试官："我想知道，您觉得我是否能够胜任这份工作？作为经验丰富的面试官，您觉得我是否是贵公司需要的人才呢？"就这样，黄超巧妙地回避了之前的问题，把新问题抛给了面试官。面试官微微一笑，说："你很聪明，反应也很敏捷，我想你正是公司需要的人才。回去等通知吧，不会超过三天的。"第二天，黄超就接到公司人力资源部的电话，通知他去公司报到。

很多主考官在面试应聘者时，最后都会提出一个看似漫不经心的问题，其实他们恰恰想要通过这个问题了解应聘者对于公司的期望，也想知道面试者对于所应聘的工作最关心的是什么，从而对面试者有更加深入的了解。对此，黄超能敏感地意识到面试官"醉翁之意不在酒"，因而他巧妙地回避了之前的问题，并以反问的方式对面试官提出了新问题，从而很好地保护了自己，也从面试官那里得到了自己想要的信息，可谓一举多得。

需要注意的是，不管别人对我们提问的初衷和动机如何，我们都应该非常严肃认真地对待他人的问题，即使以踢皮球的方式再用反问的方法把问题推给对方，也要注意方式、方法。交流原本就是需要双方互动的，千万不要让对方觉得你气势汹汹，也不要让对方感受到你的恶意。唯有尊重对方，以真诚的态度与对方互动交流，沟通才会是让人愉快的，也才能达到事半功倍的效果，给沟通双方都留下良好的体验。

有效提问，才能获得有效答案

一个问题的提出，在提问者心中必然是有所考量的，毕竟彼此间的有效交流要通过倾诉来进行，只有有效的提问才能深入了解对方的思想，除非是漫无目的的闲谈。我们在与人交流时要尽量提出有意义的问题，可以说十个无意义的问题都没有一个有意义的问题更有效，更能推进交流双方的深入了解和沟通。

问与答，原本就是“一个萝卜一个坑”。很多时候，人们之间的交流并非可以无限制地提问下去，诸如主持人在面对嘉宾时，都会提前设想好问题，这样才能在有限的时间里了解更多的信息。从这个角度来说，一个合格的主持人一定会保证每个问题都有意义，而一个优秀的主持人则能够保证自己的每一个问题都是能够深入挖掘嘉宾内心世界的，既能得到真实有意义的回答，又不至于因为提问不当导致嘉宾恼火。这也是形形色色的访谈类节目中，有些节目能拥有忠实的观众，而有些节目却无人愿意观看的原因。在日常生活中，人与人之间的交流也应该如此。如果某人的很多提问总是不疼不痒，时间久了，哪怕只是平日的闲聊也无人愿意与他沟通。试想，谁愿意浪费时间和精力去回答毫无意义的问题呢?

总体而言，有意义的问题具有如下特征：首先，问题具有针对性，要有的放矢，而不是随意地脱口而出。在与他人交谈时，如果面对的是熟悉的人，因为彼此曾经有一定的了解，因而更要有针对性，提出具体而又切实的问题；如果面对的是陌生人，则因为缺乏了解，也许无法做到有的放矢，但是在交流的过程中可以多观察，尽量找到让对方感兴趣的交谈兴奋点，也能够达到事半功倍的效果。其次，每个人每时每刻的心情都是不相同的。在与他人交流时，我们一定要照顾到对方的状态和情绪。诸如亲密的朋友之间是可以肆无忌惮地开玩笑的，但是假如对方刚刚经历悲伤的事情，那么关系再好也不应该开玩笑。最后，还要选择恰到好处的话题。要想让一个话题能有一番深入愉悦的交流，选对话题是必不可少的。所谓好话题，就是能让交流双方都感兴趣，千万不要一方兴致勃勃，另一方却对该话题毫无兴趣，那就很难引起双方的共鸣。将以上三点作为主要原则，再结合交谈中的实际情况随机应变，则一定能够让提问更加深入有效，从而达到预期的效果。

雪诗是一名编辑，为了便于和妈妈一起照顾孩子，自从有了孩子后她就在家里办公，以兼职的方式工作。前段时间，雪诗的妈妈突然患了骶髂关节炎，导致腰部疼痛不止，甚至连路都不能走。为此，雪诗不得不停下手里的工作，专心照顾地妈妈和孩子，她每天都要陪妈妈一起去医院输液。

骶髂关节炎恢复起来很慢，二十多天过去了，她妈妈的病情才稍微稳定一些，能比较平稳地走路了。一天晚上，雪诗带着孩子一起陪着妈妈看电视，她爸爸下班回家之后突然问："你最近没有稿件需要处理了吗？现在不工作了吗？"雪诗突然有些懊恼，因而不耐烦地说："我怎么没有啊，好多工作都压着呢！妈妈生病了，我怎么工作，又要照顾老的又要照顾小的。"她妈妈听到她爸爸的话，也有些生气地说："你怎么说话的呢，没看到我病了二十多天嘛，要不是雪诗照顾我，你以为你还能像平时一样去上班吗？"她爸爸被说得脸上白一阵红一阵，半天没吭声。

在这个事例中，雪诗的爸爸所提出的问题显然是毫无意义的。他明明知道家里有病号不能自理，也知道还有孩子需要照顾，反而在雪诗将近一个月没能工作的情况下，质疑雪诗为何没有努力工作，可以说是自找无趣的提问，也难怪会遇到雪诗和她妈妈的反驳。现实生活中，有很多人在提问的时候都非常主观，丝毫没有考虑到他人的现实情况和心理状态，因而遭到反驳也是在所难免的。任何时候，我们只有设身处地为他人着想，才能把话说到他人心里去，提问才不至于招人厌烦。

细剥洋葱，提问时要层层推进

常言道，“心急吃不了热豆腐”，提问也是如此。很多人提问喜欢一针见血，殊不知只有在你了解对方喜欢开门见山，或者与对方关系非常亲密无间的情况下，你才能为了节省时间减少迂回，从而一针见血地提出犀利的问题。如非是这两种情况，我们还冒昧地向他人提问，则一定会使提问显得唐突冒昧，即使再有意义，也很难得到对方的配合，对方甚至还会拒绝回答并迁怒于你。

假如你曾剥过洋葱，你就知道洋葱的“心”隐藏得很深，直接切开会破坏洋葱的“心”，唯有一层一层地耐心剥开，才能最终找到洋葱完整的“心”。在此过程中，也许洋葱刺鼻的味道会让我们流泪，感受到它的辛辣味，但是我们必须想办法克服困难并付出足够的耐心。提问也是如此。毋庸置疑，每个人都会因为各种各样的情况，不得不“盘问”他人，从而得到自己想要的答案。需要注意的是，千万不要直截了当地提问，否则也许会欲速而不达。明智的人会考虑对方的感受，因而付出耐心，从不敏感的问题入手，一步一步加深问题的深度，最终问到核心问题。如此一来，不但能够给予对方足够的时间进行心理准备，也因为循序渐进的提问方式，使得谈话的氛围轻松愉快，提出的问题也不会显得唐突。

孟子进宫拜见齐宣王，问："听说您爱好古乐，这是真的吗？"

齐宣王有些羞愧，但也只能如实回答："我只是喜欢普通的音乐而已，并非爱好古乐。"

孟子说："普通的音乐和古乐都是音乐。您爱好音乐，齐国一定会越来越强盛。"

齐宣王不解地问："先生何出此言呢？"

孟子说："一个人欣赏音乐，与和很多人一起欣赏音乐相比，哪个更加快乐？"

齐宣王毫不犹豫地说："当然是人多的情况下欣赏音乐，会得到更多的快乐。"

孟子说："既然如此，请允许我和您说说其中的道理。假如齐国的百姓民不聊生，生活在水生火热之中，却听到大王的宫殿里传出美妙的音乐声，他们一定会愁眉不展，怨声载道——'我们生活如此愁苦，我们的大王却整日赏乐作乐，这是为何呢？其实原因很简单，就是因为大王只顾着独自享乐，而丝毫不顾及百姓的疾苦。然而，假如大王在欣赏音乐的时候，全国的百姓也会非常开心，心中认为——'真好，大王心情愉悦，才能赏乐作乐，否则哪能这么开心呢？百姓之所以这么想，一定是因为大王关心民生疾苦，让人民能够安居乐业，所以才能与普天之下的百姓同乐，才能得到天下人的心。"

这篇典故中，孟子其实是在警醒齐宣王，让他不要只顾独自赏乐作乐，而要关心天下百姓的疾苦，使所有百姓都能安居乐业，才能得民心，才能国泰民安。唯有在这样的情况下，齐宣王赏乐才不是贪图享乐，而是与民同乐。不过，孟子显然采取了层层推进的策略，毕竟他面对的是大王啊！倘若孟子说话方式不得当，一下子惹恼了大王，他的性命也就不保了。举个形象的比喻，如果让一个人一下子跨越十级台阶，只怕除了姚明的大长腿之外，没有任何人能够做到。对于普通人而言，必须一级一级拾级而上，才能最终达到十级台阶的高度。急于求成非但无法得到好的结果，反而会欲速则不达，最终导致事与愿违。

说话也是如此，孟子正是通过层层推进的方式，逐步引导齐宣王意识到一个深刻的道理——只有让百姓能安居乐业，与民同乐，才能得民心。当然，要想循序渐进地谈话，首先应该确立目标。倘若没有明确的目标，也许在层层推进的过程中就会忘却初心，甚至偏离目标，最终导致无法实现目标。此外，还需要具有逻辑性，思维清晰有条理。否则说话时东一榔头西一棒槌，别说听话者了，即使说话的人也很有可能被自己绕晕。当然，引导的具体方式就是提问，让对方说出自己心中的答案，从而再以对方的回答作为论据，这样才能做到让对方心服口服。

想要了解更多，不妨问些模棱两可的问题

提问一定要非常明确才好吗？大多数情况下是这样的，因为明确的问题能够让听者准确把握我们提问的意图，从而有针

对性地做出回答。但有的时候，提问反而需要模棱两可，这样才能从回答者的口中得到更多的信息，也有可能误导回答者，得到错误回答，最终帮助提问者得到想要的信息。这就是语言的魅力所在，我们只有用心提高自身的语言表达水平，才能根据实际情况，及时调整思路，问出恰到好处的问题。

现代社会，年轻漂亮的女孩儿很多，同时，眼高于顶的女孩儿也很多。曾经，小娜也是一个年轻漂亮的女孩儿，如今却因为一直没有找到合适的男朋友，最终成为一名大龄剩女。尽管她气质佳，却已经不像二十来岁的小姑娘那么水灵了。

为了小娜的婚事，她父母四处托人找关系，小娜也由以前的不愁嫁改变了心态，自己也渐渐着急起来。毕竟过了35岁的话生孩子都属高龄产妇，据女同事说还要做羊水穿刺进行唐氏筛查呢。已经33岁的小娜一想起那又粗又长的针，恨不得马上就嫁人。虽然刚开始时她抵触父母安排的相亲，但是现在却能积极配合。这不，她前段时间在母亲一个老同事的介绍下与一位老师见了面，双方初次见面感觉都还不错，因而又约定了再次见面的时间。

第二次见面，虽然彼此相识，但是小娜和那位老师之间还是有陌生感，彼此都不好意思，不知道该说些什么。小娜思来想去，决定率先打破僵局，因而问道："听说老师的工资不高，你一个月能领多少薪水啊？"对方听到这个问题，对小娜的好感消失殆尽，尴尬地说："唉，也不多，只能维持生活，经不起奢侈。"两个人又有一搭没一搭地说了几句，那位老师就找了个借口告辞了，心中暗想："现在的女孩儿太可怕了，都成大龄剩女了，也不能改变拜金的观念！"小娜看到对方告辞之后再无音信，心里很纳闷儿，只得再次投入相亲的大军之中。

其实，小娜并非是对对方的工资高低感兴趣，而是因为她一时之间想不出合适的话题，就随便找了个话题想要展开交流。没想到，她直截了当地提问敏感问题让该老师害怕不已，毕竟作为工薪阶层的老师根本供不起女人的奢侈消费，为此该老师选择果断离开。这样的结果自然让人感到遗憾，但是也与小娜不会提问有着密切的关系。假如小娜能够换一种说法，"我小时候很崇拜我的老师，你呢？"很多诸如此类的问题都不会引起对方的反感，反而能够拉近与对方的关系。在围绕老师这个话题进行交谈时，即便小娜真的想要了解薪水问题，也能够水到渠成地得到答案，诸如"我有个同学也是老师，据说现在老师的待遇比前几年好多了"这样的问题，对方就会自然地给出回答。

当然，提问的尺度根据交谈的对象而异，所以我们首先应该准确把握与他人之间的关系。唯有如此，我们才能定位自己的身份，从而恰到好处地提出问题。人与人之间最忌讳交浅言深，假如你自知交情还没到很深的程度，却想深入了解某个问题，只能采取模棱两可的提问方式，也许对方在误解你的意思后恰恰能歪打正着地给出你想要的答案呢？也许对方是个冰雪聪明之人，听到你模棱两可的话就意识到你真正想了解的信息，或许能主动给出你想要的答案。这都比唐突冒昧地提问，招致对方反感来得更好啊！

掌握主动权，从让对方说“是”开始

人的行为有很大的惯性，当一种行为保持得时间久了、次数多了，这种行为就会变成一种习惯得以延续下来。其实，不仅仅行为具有惯性，人在语言表达方面也同样存在惯性。很多情况下，当人们一直不停地表示否定或者肯定，这种惯性就会不断延续，甚至影响人们的判断，使人不假思索地按照惯性回答问题。如此一来，倘若我们想要得到他人肯定的回答，只需要不断地引导对方说“是”，当对方将肯定的回答作为习惯，即使在对你的提议感到模棱两可时，也依然会毫不犹豫地说“是”。这样，你的目的就达到了。

作为一名电动机推销员，马特的工作就是在开拓新客户的同时，每隔一段时间就去拜访那些曾经合作过的老客户，询问他们的消费体验，同时也把新款再次推销给他们。这不，马特今天就来拜访一位之前合作购买过的老客户了。出乎马特的预料，这次他并没有得到礼待，原因就是负责与他接洽的工程师亨利前一天刚刚去车间检查过电动机的工作状况，他在伸出手测试电动机工作状态下的温度时，手居然被烫到了，这使他感到很恼火。

马特刚刚走进亨利的办公室，亨利就毫不客气地说："伙计，你的电动机质量太差了，差点儿把我的手烫熟了。如果不是过了退货期，我一定会退货，更别说还会从你这里购买新的电动机了，你别白日做梦了！"看到亨利的情绪如此激动，马特丝毫没有为自己辩解，而是当即肯定了亨利的说法："电动机过热的确很危险，很抱歉给您带来了不好的消费体验，如果有需要，我可以为您办理退货手续，以打消您的后顾之忧。"马特诚恳的态度，终于平复了亨利的坏心情。接下来，马特开始询问亨利相关事宜："当然，作为资深工程师，您肯定知道在工作中电动机必然是会发热的，对吗？""当然。"亨利点点头。"那么，您知道国家规定的发热标准是什么吗？电动机发热在什么范围内是合格的？"马特又问。亨利想了想，说："国家规定电动机工作时不能高于室温42℃以上。"马特点点头，说："对，对，您说得很对！我想了解下发生事故时车间的室温是多少，方便估测一下吗？"亨利不假思索地说："25℃。我们的车间是恒温的。"马特眼珠滴溜溜儿一转，说："室温25℃，再加上42℃，那温度就高达67℃了。别说是67℃了，即使是60℃，也会感到很烫手的。"亨利说："可不是，60℃已经很热了。"这时，马特笑着说："您看，我们的电动机发热并没有超出国家规定。我想您以后最好不要触摸工作状态下的电动机，幸好我们的产品有过热断电保护，不然您肯定会被烫伤的。"话已至此，亨利当然无话可说，再也不能义正言辞地指责马特推销的电动机有质量问题了。

经过这番谈话之后，马特又顺利地向亨利推销出去几台新款电动机，并且承诺亨利只要其超过国家规定的发热标准，不管什么情况下都可以马上退货。

面对怒气冲冲的亨利，假如马特一味地为自己的产品辩解，则很有可能导致亨利更加气愤，当然后面的推销工作也就无法进行下去。马特非常聪明，他先是肯定了亨利的意见，从而帮助亨利恢复平静，接下来又不断地引导亨利根据国家标准回答问题，得到的一直都是肯定的回答。如此一来，等到马特提出真正的问题时，亨利也只能循着惯性思维，继续表示认可。当然，需要注意的是马特所说的话确符合实情，如果马特是无理狡辩，亨利自然也不会如此糊涂地就因惯性而失去明辨是非的能力。

当我们掌握了让他人说“是”的艺术后我们就相当于成功了一半。试想，当对方在你的引导下不停地表示肯定，又如何会突然否定你的意见或者观点呢？只要你有理有据，观点能够站得住脚，就很容易说服对方接受你的意见或者观点。同时，不断地说“是”也能让交谈的氛围更加愉悦，如此一来交谈自然能事半功倍，效果倍增。

与其直截了当，不如迂回曲折

生活中很多时候，我们会因为各种各样的原因不能直截了当地向别人发问，在这种情况下，又该怎样提问才能给予自己更多的回旋余地呢？所谓条条大路通罗马，如果一条路走不通，我们应当当机立断地改变方式。当不能直截了当地问别人某件事情时，我们还可以使用旁敲侧击、迂回曲折的提问方式，也许反而能够如愿以偿。

如今，很多人都特别爱面子，直接发问不但会让他人丢面子，还会导致他人对我们抱怨不止，由此故意刁难和为难我们。相反，迂回曲折的提问方式恰恰能够保全对方的颜面，使对方感受到我们对他们的好意和用心。由此一来，我们与对方的交往必然能更加和谐融洽。一旦对方信任我们，我们的提问还愁得不到回答吗？由此可见，迂回曲折实在是一举数得的好办法，能够帮助我们协调人际关系，也能达到我们自身的目的。

从大学时代开始，张坤和徐振秋就是好朋友，也是睡在上下铺的兄弟。大学毕业后，他们一起留在读大学所在的城市，生活上彼此照顾，工作上也相互扶持。为此，他们简直比亲兄弟还亲，好得就像一个人似的。

有一次，张坤因为父亲突发脑溢血，急着筹钱回家，因而从徐振秋那里借了5万元钱。这可是徐振秋工作两年来辛苦积攒的呀，但是一听张坤有急用，他毫不犹豫地就借给了他。三年后，张坤和徐振秋都到了谈婚论嫁的年纪，徐振秋因为女朋友比他还大3岁，所以结婚迫在眉睫。涉及结婚，用钱的地方自然也就多了，徐振秋这才想到曾借给张坤的5万元钱至少也能顶点儿用处，以减轻父母的负担。但是看到张坤从未提起还钱的事情，徐振秋也不知道该如何开口。思来想去，徐振秋知道自己不好硬要，因而一个周末，他特意把张坤请到饭馆喝酒。席间，他以酒遮羞，不停地在张坤面前“哭穷”说：“哥们儿，你可别着急结婚，我要不是因女朋友比我大3岁催着我，我也不想结婚。你哪里知道，这根本不是结婚，简直就是打劫啊！我父母把一辈子的积蓄都给我们付首付买房了，家里还借了很多钱给我们装修房，现在丈母娘居然还逼着我要买一辆至少20万的车子，还要准备15万的彩礼，这还不算那些零七碎八的钱呢！我父母把能借到钱的人都借遍了，现在还差30万，我简直都想跳楼了……哥们儿，你有没有地方借钱，给我救救急吧！我总不能谈了这么多年的女朋友再散了吧……”这时，张坤恍然大悟地说：“嗐，你这么困难怎么不早说啊，我手里不是还有你5万元钱嘛，我这就筹钱还给你，我再帮你借点儿钱，看能不能帮你周转一下。咱们兄弟谁跟谁呀，万一我结婚的时候也被逼上梁山，你也不会看着不管我对吧！”“那当然！”徐振秋毫不犹豫地说。

多年的好兄弟，倘若徐振秋逼着张坤要钱，也许张坤一时会觉得很没面子，反而会赖着不还，或者即便还了，也会对徐振秋有想法，感情不再那么好了。为此，徐振秋采取“哭穷”的办法，正好也借着结婚的机会，摆出重重困难，如此一来张坤要是继续绝口不提还钱的事，那么徐振秋再撕破脸皮直截了当地要钱也不迟。

人的脸皮都是很薄的，都讲究面子。不管什么情况下，我们都要学会给他人留面子，能不直截了当伤感情，就尽量采取迂回的策略，给予自己和他人更大的回旋余地。唯有如此，我们才能妥善处理好与他人的关系，既能达到自己的目的，也不会伤害朋友间的感情。

第03章

赞美效应——善用赞美更易打动人心

在一切语言中，赞美无疑是最受人欢迎的，几乎没有人能够拒绝真诚的赞美之辞，人们也常会因为得到他人的赞美而对他人心生好感，心怀感激。在漫漫人生路上，我们有缘分与很多人相遇、相识，甚至相知，不如慷慨大方一些，给予他人毫不吝啬的真诚赞美吧！当友谊的火炬被赞美点燃，人们就会感受到友情的温暖，也会觉得赞美是人与人之间最美好的语言。当然，赞美也是有技巧的，更需要我们注意方式方法，否则就会被他人误解为另有企图。因此，我们需要深入了解赞美的本质，掌握赞美的技巧和方法，从而使赞美恰到好处，辅助我们达到预期的目的。

真诚的赞美，是人人都爱的礼物

赞美虽然具有神奇的力量，甚至能够把原本冷漠的人际关系变得亲密无间，但是赞美并不能滥用。因为赞美的价值会随着真诚的程度而有所改变。例如，有些人总是毫不吝啬地赞美他人，甚至有过之而无不及，睁着眼睛说瞎话、不讲原则地赞美他人，这样的赞美未免有些虚伪，也就失去了真实有效的作用，从而令人怀疑他的企图。赞美别人固然是美德，能够让他人瞬间与我们亲近起来，也能使我们自己更受他人的欢迎。然而赞美必须真诚，这是首要原则。

要想让赞美起到预期的效果，我们就不能滥用赞美，更不能口是心非。在赞美他人时，我们更应该学会从实际出发，抓住别人切切实实的优点和长处，或者是让你真正感动的地方，从而发自内心地赞美他人。否则，我们的赞美就会事与愿违，甚至令人反感。

为了准备这次家庭宴会，玛丽花了很长时间进行规划，还特意邀请了自己在社区里的好邻居露西来帮忙。参加这次宴会的大多数人都是玛丽的丈夫亨特的同事、朋友，只有少数几个人是玛丽的闺密。为此，很多人都对玛丽感到陌生，也忘记了感谢玛丽。

正当玛丽招待闺蜜们吃好喝好后感到有些失落的时候，一个自称是欧文的男性，端着酒杯来到玛丽面前，说："您好，美丽的女主人，今晚的宴会非常棒，这都是您的功劳。作为您丈夫的同事，我非常羡慕您丈夫拥有好福气娶到您这样一位能干的夫人。您知道吗，我的同事们全都对您的烤火鸡赞不绝口，还有那些具有五星级酒店大厨水准的甜点——提拉米苏。我的几个女同事都说要找机会向您好好请教制作方法呢！”听到欧文真心诚意的赞美，玛丽不由得喜笑颜开，她说：“非常感谢你的赞美，只要来宾们都能像您一样满意，我就知足了。您知道吗，这个烤火鸡可是我家的保留菜品，受到全家人的喜爱呢！至于提拉米苏的制作方法，我必须隆重向您推荐我的好邻居露西，她制作的甜品绝对是一流水平，得到过无数人的交口称赞。我们社区举行聚会时，她就是当之无愧的甜品大师呢！”宴会结束后，玛丽对于欧文的印象非常好，后来还特意让亨利邀请欧文来家里做客呢！

对于辛苦操劳的玛丽而言，欧文的赞美完全打动了她的心。欧文的赞美并非是些空虚的话，他的确是在用心感受了美味的食物后，才给出如此中肯而又真诚的赞美。为此，玛丽才对欧文留下了好印象，也才能够邀请欧文来她的家里做客。

任何赞美要想获得预期的效果，就一定要以真诚和热情打动人心。古人云，“精诚所至，金石为开”。我们只有真诚友善地去赞美，才能让听者怦然心动，满怀感激。如果赞美缺乏真诚作为基础，那么不如保持沉默。朋友们，假如你们决定要赞美一个人，一定要多用心，表达出自己的真诚和友善！同时，不管是在生活中还是工作中，都不要吝啬自己的赞美。所谓“赠人玫瑰，手有余香”，赞美他人也能使我们自身得到他人的友好对待，何乐而不为呢？

把握尺度，赞美时切记过犹不及

凡事过犹不及，赞美也是如此。很多人在赞美他人时，因为虚情假意，所以往往言过其实。也有些人是因为过分热情，所以夸大其词，殊不知当赞美过度时，效果往往会大打折扣。为此，我们在赞美他人时必须有理有据，千万不要睁着眼睛说瞎话，不讲究原则地肆意对他人阿谀奉承。所谓人贵有自知之明，你怎么就知道那个接受你赞美的人没有自知之明呢？倘若我们不管别人的优缺点，就随便大肆赞美一通，或者被接受赞美的人误解为虚情假意，又或者被人认为是阿谀奉承，这两种结果显然都不理想，也会导致你事与愿违。

任何情况下，都不要空洞地赞美他人，更不要言过其实。赞美，只有有理有据，才能真正地打动人心，使人们对我们的感激之情倍增，也使我们的赞美更加美妙动听。毋庸置疑，每个人在生活中都需要与形形色色的人接触，有时候我们还必须与陌生人打交道。在这种情况下，如何迅速地拉近彼此间的心理距离是重中之重，而赞美恰恰是人际交往的杀手锏，能够帮助我们在最短的时间内打开他人的心扉，博得他人的好感。当我们当众赞美那些职位或者权势比我们高的人时，为了避免被人认为是拍马屁，就更应该学会适度、适当，且必有重心。也许有人会说自己并不会把握赞美的尺度和分寸，其实只要你做个有心人，总能够把赞美表达得恰到好处，就不至于引起歧义。

曾国藩经常毫不吝啬地赞美自己的下属，因而他的下属们全都非常拥戴他，也在他的鼓舞下士气倍增、意气风发。不过曾国藩虽然经常赞美下属，慷慨大方，但是他的所有赞美都符合实际情况，有理有据，从不言过其实。有一次，曾国藩召集所有的下属共同商议作战方针，他说："大家应该已经知道了，洪秀全从长江上游东下，最终成功攻占江宁，因此有人说洪秀全在江宁占据地利。如今，我们全体将士已经收复了江西和湖北，仅仅剩下江宁上游的安徽还未收复。假如我们能够万众一心，同仇敌忾，就一定能够收复安徽。如此一来，占据江宁的洪秀全必然日子难过，在我们的围困下困守孤城。"

曾国藩话音刚落，他手下的李续兵就一改往日沉默寡言的作风，试探性地问："涤帅的意思是先拿下安徽？""对！"曾国藩斩钉截铁地回答，并且以充满赞赏意味的目光看着李续兵说："你说得很对，看来你平日里没少对此进行思考。如果能够做到胸有成竹，深谋远虑，则无疑是大将之才。在这一点上，你已经比其他人更胜一筹了。"听到曾国藩对李续兵的夸奖，其他将领们也纷纷表示赞许和认同。

曾国藩对于李续兵的赞美其实并不生硬，而是抓住李续兵提出准确战略方案的机会由此生发、水到渠成地赞美了李续兵。

在这种情况下，因为亲耳听了李续兵的真知灼见，其他将领对于曾国藩对李续兵的赞美也就毫无异议，心服口服。在此过程中，曾国藩还以李续兵为例，很好地激励了其他人，不可谓不高明。

现实生活中，我们也常常需要赞美他人，记住要有理有据，千万不要过于突兀。唯有如此，我们的赞美才能成功地打动他人的心，也使得我们的赞美之词合情合理，得到他人的认可。

雪中送炭，如此赞美更令人铭记

众所周知，在帮助他人的时候，锦上添花固然好，但是雪中送炭则更能够打动人心。所谓锦上添花，无非就是在他人并不急需帮助的时候或者是在他人春风得意的时候，给予他人帮助，从而使他人的情况更好。在这种情况下，即使没有我们的帮助，他人也能顺利渡过难关，因而他人对我们的帮助并不能产生强烈的感激之情。与此恰恰相反，假如我们在他人遇到绝境的时候慷慨地向他人伸出援手，给予他人切实可靠的帮助，从而帮助他人渡过艰难的处境，给他人带来生机，那么他人一定会对我们感激涕零，心中也更加牢记我们对他的恩情。举个最简单的例子，对于一个身价千万的富翁而言，他平日里已经锦衣玉食惯了，即使你送给他燕窝、鱼翅，对他而言也是家常便饭，并没有什么可稀罕的。倘若我们在一个乞丐饥寒交迫的时候，给他一碗热粥，虽然这碗热粥并不如燕窝、鱼翅值钱，但是对乞丐而言却救了他一命，他怎么能不对你感激涕零呢？由此可见，和锦上添花相比，人们更欢迎雪中送炭，对雪中送炭更加感激不尽。

实际上，不仅仅物质上的帮助是如此，赞美也是如此。在一个人春风得意马蹄疾的时候，我们给予他人赞美，只会被认为对其阿谀奉承，而且那个人也必然会因为接受了太多的赞美，耳朵和心都已经麻木，对普通的赞美毫不心动。相反，当一个人遭遇失意的时候，或者内心沮丧绝望的时候，正需要身边的人给予他鼓励和支持，假如我们能够在这种情况下给予其毫不吝啬的真诚鼓励和赞美，那么他一定会感激不尽，也会对我们的赞美牢记于心。

作为一个文学爱好者，他数十年来一直在追求文学之梦。他从小命运坎坷，在他八岁的时候，母亲因为不堪忍受家中贫困，再加上父亲酗酒，所以离家出走，至今杳无音信。自从他母亲出走后，他父亲郁郁寡欢，不但酗酒更加严重，甚至还染上了赌瘾，最终欠下一身外债，整日被人追债。后来，他父亲因为与人争斗误伤他人，又锒铛入狱，他的家彻底散了。

他孤身一人在人世间讨生活，却始终没有忘记创作的梦想。尽管他经常食不果腹，他还是笔耕不辍，坚持自己的梦想。他居住在一个四面透风的仓库中，冬天手指都被冻肿了，难以握笔，但是这些困难都未能影响他的创作热情。在无数次被退稿之后，他不由得心灰意冷，觉得命运对于自己实在是有些不公平。当时有个给他退稿的编辑在他的稿件上写道：“你的文字很独特，透过字里行间，可以看出你对生命的领悟和热爱，比如这句……”编辑短短的几行字，给予这个年轻人莫大的鼓励。他的生命之舟原本正在风雨中飘摇，不知何去何从，此时此刻仿佛一下子找到了避风港，也找到了航向。从此之后，这个年轻人再次鼓足勇气，努力创作，最终成为了一名非常优秀的作家。

在这个事例中，年轻人正处于人生低谷，却得到一位退稿编辑真心的赞美，他不由得发自内心地感激他。不但因为那位编辑的赞美而变得信心十足，再次看到希望的曙光，也因为这只言片语的赞美，发自内心地感到温暖。因此，他才能战胜生命的困境，从而坚持不懈，持之以恒，直到成功为止。

要想对他人进行雪中送炭式的赞美，我们就必须把握赞美的时机。这就像厨师烹饪菜肴一样，即使给每个厨师相同的食材，每个厨师做出来的味道也不会完全相同。这是因为烹饪非常讲究火候，每个厨师对于火候的把握也不尽相同。赞美也是如此，只有把握好时机进行赞美，才能起到雪中送炭的效果。否则，明明看到他人春风得意，却还不分时机地赞美，顶多只能够得到他人的敷衍一笑，很难得到他人真心的感激。

具体一点，让你的赞美更显生动、用心

赞美他人一定要真诚，而且要用心。在赞美泛滥的今天，

很多人为了赞美他人而牵强附会，甚至不动脑筋，直截了当地就随便找个借口赞美他人，以敷衍了事。这样的赞美，真的能够打动人心吗？毋庸置疑，接受赞美的人对于真心的赞美和敷衍的赞美，一定会有自己的考量。他们在接受赞美时，也会对赞美进行区分，从而对给予其赞美的人形成不同的印象。在这种情况下，倘若我们想要赞美达到预期效果，就一定要更加用心，千万不要因为觉得绞尽脑汁地赞美他人得不偿失，就随随便便找个借口敷衍了事，最终导致事与愿违，与其如此，还不如保持沉默顺从自己的内心，不随意赞美他人来得好。

赞美要想生动，打动人心，就一定要非常具体。生活中，那些宽泛的赞美随处可见，已经不足以让人为之心动。例如，很多父母在赞美孩子时总是说“你真棒”“你太优秀了”“你是妈妈的骄傲”等诸如此类的话，也许对于低龄的孩子而言，这些赞美还能勉强蒙混过关，但是对于年龄大些的孩子而言，这样的赞美并不足为奇。因为这些赞美太空洞，而且都是泛泛而谈，也许父母在如此赞美孩子的时候只是敷衍他，并没有意识到孩子的优秀到底表现在哪里。时间长了，孩子必然也会对这样的赞美渐渐感到无所谓，甚至耳朵都已听出老茧来了。负责任的爸爸、妈妈很少这样赞美孩子，而是会说：“宝贝，你这次考试没有因为粗心而丢分，这说明你进步很大，也改掉了不良的习惯，妈妈真心感到欣慰。”这样一句话，比十句宽泛的赞美更能够让孩子心悦诚服。

作为美国实力很强的汽车制造公司，克莱斯勒汽车公司曾经专门为罗斯福总统量身定制了一款汽车。众所周知，罗斯福总统年幼时曾经患有小儿麻痹症，导致下肢瘫痪，因而他根本无法仅凭一己之力驾驶普通的汽车。当看到克莱斯勒公司亲自送到白宫的这款为他专门定制的汽车时，罗斯福总统马上眼前一亮、怦然心动：对于一个无法行动自如的人而言，能够驾车自由出行该是多么美好的事情啊！在认真鉴赏汽车，并且亲自试驾汽车之后，罗斯福高兴地说："太奇妙了，我仅仅按按钮，车子就能奔驰起来，这简直让人难以置信。"

当时，罗斯福总统身边的工作人员以及他的朋友们也都在现场，罗斯福总统毫不吝啬地当着大家的面赞美克莱斯勒汽车公司的工作人员："这是一件伟大的事情，感谢你们愿意付出时间和心血，最终让这辆汽车得以面世！"在随后的时间里，罗斯福总统带着所有人一起认真细致地欣赏这辆车，每当看到细节之处，他都会毫不吝啬地加以赞美，对于细节给予充分的赞赏之辞。站在一旁的汽车公司工作人员看到罗斯福总统如此喜爱这辆车，不由得发自内心地高兴，也因为得到了总统对细节设计的赞美，而喜形于色。

在这个事例中，罗斯福总统对于汽车的赞美非常详细具体，他甚至认真观察汽车的每个设计细节，也使得他的赞美更加翔实生动。如此一来，每一个人都感受到了他对于这辆汽车的喜爱，也能感受到他发自内心的感激和感动。

要想让赞美更加生动具体，首先我们应该对所赞美的人或者事物进行深入了解。很多人为人处世都停留在表面，这样的人是无法深入了解人或者事物的本质的。唯有当我们详细了解了人或者事物时，我们的赞美才能避免空洞。当然，这离不开我们对人或者事物细致入微的观察。其次，我们还应该根据不同对象的特点进行赞美。诸如我们可以赞美一位美女皮肤白皙，却不能赞美一名男子汉皮肤白皙。即使这名男子汉的皮肤真的很白，我们也不能对此大加赞赏，因为皮肤白并不能彰显男子汉的特点，因而我们只能赞美男子汉身材魁梧或者棱角分明，这才是赞美男士最恰当的词语。朋友们，在赞美他人时，我们必须用心，才能真正做到认真仔细、细致入微地观察，恰当地赞美，也才能做到因人而异，让赞美打动人心。

虏获人心的，往往是发自内心的赞美

任何赞美一旦变得虚情假意，马上就会大打折扣，根本无法俘获他人的心。赞美之所以具有神奇的魔力，之所以能够得到他人的认可和接受，就是因为赞美的真诚和友善。否则，赞美就会变了滋味，也自然收不到应有的效果。任何情况下，我们只有不保持缄默，不违心地赞美他人，发自内心地赞美他人，才能得到他人的友好回馈。

生活中，我们遇到的每个人都是脾气秉性、性格爱好等与我们不完全相同的独立个体。在这种情况下，我们唯有认真细致地观察，发现对方哪怕是最细微的值得赞美的地方，然后毫不吝啬地给予对方赞美，才能让对方感受到你的真心实意。记住，并非任何赞美都能让人心花怒放，虚伪和牵强的赞美只会导致事与愿违。

在班级里，雅轩是非常沉默寡言的孩子，很多同学看到她呆头呆脑的样子，都私下里叫她“弱智”。雅轩当然不傻，只不过她不愿意和同学交往，只想沉浸在自己的世界里。其实老师也知道，雅轩有轻微的自闭倾向，因而老师嘱托班长丝丝多与雅轩玩耍，帮助她走出孤独的世界。

一天中午，同学们吃完午饭稍事休息后就去操场上玩耍了。教室里只剩下雅轩一个人默默地看书，丝丝走进教室里，对雅轩说：“雅轩，你可真爱读书啊！我觉得，你读书这么多，懂得的道理一定也很多。如果以后我有不明白的地方，可以向你请教吗？”雅轩笑了笑，点点头。丝丝接着说：“雅轩，一个人待在教室里很闷，而且多晒太阳还能补钙呢，不如你跟我一起去操场上玩吧！”说完，丝丝牵着雅轩的手，带她来到了操场。和同学们玩了一会儿后，原本紧张局促的雅轩，渐渐变得乐观开朗起来。看到雅轩的改变，老师也称赞丝丝：“丝丝真的很有办法呀，你一定是靠着真诚才打开雅轩心扉的吧？你可真是个称职的班长。老师相信，在你的带领下，全班同学一定会越来越团结一心的！”听到老师的赞美，丝丝高兴极了，心里乐开了花。

毫无疑问，丝丝和老师都是情商极高的人。丝丝在赞美雅轩时，从雅轩爱看书入手，赞美雅轩爱读书，知识渊博，还说自己要向雅轩请教。这自然会让雅轩觉得很高兴，也很有自信，从而对丝丝产生好感。老师看到自己交代给丝丝的任务完成得很好，因而也真心实意地赞美丝丝，夸赞丝丝对待同学用心，是个称职的好班长。如此一来，不管是雅轩还是丝丝，必然都会信心十足，进步也会更大。

赞美，是人与人相处的一种艺术。在赞美他人时，我们一定要真心实意，才能让赞美打动人心。否则，虚情假意的赞美只会导致事与愿违，也会使他人对我们心怀芥蒂。与其如此，还不如不赞美更好呢！需要注意的是，赞美要想给人以真心实意的感觉，除了必须发自内心、足够真诚之外，还要把握分寸，不能过分夸张，也不要过于肉麻。要注意区分，赞美不是赤裸裸的阿谀奉承，更不是毫不掩饰地吹捧，赞美就是根据实际言之凿凿，真诚地肯定他人的优点和可取之处。

与众不同的赞美，才能让人怦然心动

如果赞美变得千篇一律，必然无法打动人心。人总是渴望得到他人的赞美，但是却不希望所有的赞美之辞都毫无新意。就像人吃饭一样，假如每天都吃鱼翅、燕窝，则再好吃的东西时间久了也会变得寡然无味，反而会惦念起咸菜、稀粥，也许能给人完全不同的口舌享受。赞美也是如此，只有不断地变换花样，才能打动人心。

也许有人会说，赞美就是赞美，哪里来的那么多花样呢？其实，不同的赞美可以从诸多方面进行。诸如赞美的内容，值得我们赞美的内容很多，我们可以在内容上不停地变化，诸如这次赞美一位女性的皮肤白皙，下次就可以赞美她身材窈窕，再下次还可以赞美她的纱巾花色独特，以后还可以赞美她的衣服款式新颖……从眼影的颜色，到衣服、鞋子或者手袋，对于一个女性而言，值得赞美的方面实在太多了。我们必须把握的原则就是，必须保证每次赞美都言之有物，越具体生动越好。否则每次赞美女性朋友都说"你真美"，只怕对方早晚会听得厌烦了，甚至会感受出你的虚情假意来。其次，赞美还要讲究对策，尤其要讲究方式、方法。赞美不但要把握好时机，顺其自然地说出来，还要注意方式方法。如果你此前一直以平铺直叙的方式赞美，之后不如以倒叙或者正话反说的方式，给予对方意外的惊喜。此外，还可以多加留意那些别人不曾注意的细节，从而独出心裁，给人意外的惊喜。为了避免被误会为阿谀奉承，我们也可以采取间接赞美的方式赞美他人。例如，我们可当着第三者的面赞美他人，则当第三者把赞美的话告诉他人后，他人一定能意识到我们是在真心实意地赞美他，否则又何必要在第三者面前赞美他呢？由此一来，赞美的效果会成倍增长，也能帮助我们赢得他人真心诚意的对待。总而言之，赞美的内容和方式可以多种多样，只要用心，我们总能找到合适的方式赞美他人，也能如愿以偿地实现自己的心愿。

最近，玛丽正在张罗家庭宴会的事情，原来她的丈夫想把单位里的同事和比较要好的朋友请到家里来做客。为此，玛丽很头疼，因为她虽然擅长烤制火鸡，但是对于制作甜点向来没有把握。这时，玛丽想到社区里的邻居露西制作甜点的水平一流，因而想到邀请露西来帮忙。不过，她与露西的关系并非很亲密，为此她犹豫不决，很担心会被露西拒绝。思来想去，玛丽想出了一个好办法。

有一天，玛丽带着自己亲手烤制的火鸡肉，来到露西的好朋友、自己的近邻莉莉家中。她把火鸡肉送给莉莉之后，就开始与莉莉攀谈起来。她有意无意地说起自己家里要举行宴会的事情，并且说制作甜点是自己的弱项，由此说："要说甜点，我吃过最好吃的一次，简直是比五星级大酒店里的甜点还要好吃，就是咱们社区里的露西做的！你吃过吗？上次社区举行聚餐，露西做的提拉米苏简直征服了所有人，要是我也能做出那样的提拉米苏，一定会给宴会提高三个档次，你知道的，大多数人都喜欢吃甜食。"莉莉笑着说："露西的甜点制作水平的确很高，你何不邀请露西帮你的忙呢？"玛丽不好意思地说："我当然想啊，不过我怕露西会拒绝，毕竟举办宴会是件很累的事情。要是能请到露西，我敢保证所有人都会对我家的家宴赞不绝口，印象深刻的。我只吃过一次露西制作的提拉米苏，就难以忘记啦！"

这次交谈之后的第二天，玛丽无意间看到露西与莉莉站在社区的公园里交谈。为此，她等到当天晚上，特意带着火鸡肉登门拜访露西。果然不出玛丽所料，莉莉已经把她对露西的赞美的话转达给了露西，这一点从露西对于玛丽的热情态度就可以得到证实。果不其然，露西毫不犹豫地接受了玛丽的邀请，并且说要全力以赴地帮助玛丽举办好家庭宴会。

在这个事例中，玛丽原本与露西的关系并不熟悉，不过玛丽很聪明，她首先去拜访露西的好朋友、自己的近邻莉莉，并且当着莉莉的面不遗余力地赞美露西的甜点制作水平，从而让莉莉与露西再见面的时候转达她所说的赞美的话，由此一来露西必然会对玛丽印象更好，也能打心底里与露西亲近起来。这样，玛丽等再去邀请露西帮助自己筹备家宴时，露西也就能非常高兴地答应了。这就是背后赞美他人的魔力，很多时候会比当面赞美他人的效果更好，也更加能够让我们如愿以偿。

朋友们，你们可曾也遇到需要与他人交好的情况呢？每当这时，与其当面赞美他人再向他人求助，有故意逢迎之嫌，不如采取间接的背后赞美的方式，反而能够让人相信你的真心诚意。只要能得到他人的认可和信任，我们还愁得不到他人的真诚对待吗？关系亲近了，求助他人自然也就能水到渠成了，可谓皆大欢喜。

第04章

察言观色——一击即中助你巧妙攻心

表面看起来，说话就是动动嘴皮子的事情，貌似根本没有高深的学问或者技巧涵盖其中。实际上，有些人正因为说话张口就来，因而导致言多必失，祸从口出。因此，我们需要认真仔细地琢磨说话的内容、方式与技巧，才能做到说话时因人而异，且能够把每句话都说到他人的心里去。尤其需要注意的是，要想把话说得恰到好处，还要学会察言观色，把每一字都说到点子上。想要做到这一点，必须多多练习，假以时日必见成效，还要学会通过他人的诸多表现洞察他人的内心想法，才能达到预期的效果。

观察并把握细节，话可以说得更巧妙

在看好莱坞大片的时候，很多人都对FBI的英明威武印象深刻，不由得会梦想着自己有朝一日也能目光犀利，对任何事情都能做到洞若观火。的确，假如我们也能具有敏锐的洞察力，从他人的细微表现洞察他人的内心世界，那么我们也就能够把握细节，从而更好地把话说到他人的心里去。

很多时候，人人都能注意到的未必是真相，真相往往掩藏在大多数人都不会留意的细节之处。既然如此，在轻而易举就能观察到的表象背后，我们更应该注重其细节，才能以火眼金睛洞察事物的本真。很多时候，人们觉得说话无须掩饰，更无须制订计划，只要轻松随意即可。实际上，这种随意的态度只适合于朋友之间聊天。假如在职场中与很多人谈话，就需要有目的、有意义，因而要更加正式。包括生活中，我们也常常需要怀着严肃认真的态度进行一次交谈，才能达成心愿。为此，除了要学会和朋友真诚闲聊之外，我们更要掌握进行一次正式谈话的技巧，要让自己能够心细如发，目光如炬，字字珠玑。

这次，木木将会代表公司与客户张经理进行谈判。自从参加工作两年多以来，这还是木木第一次独当一面呢，为此他心里有些忐忑不安。临行前，木木特意向老前辈请教如何才能与张经理之间消除陌生感与隔阂，使得谈判更加顺利。身经百战的老前辈不以为然地说："记住，聊得好，才能谈得好。"木木在心里反复琢磨着这句话，很快就到了张经理所在的公司。

和张经理见面后，经过一番客套的寒暄，木木开始介绍公司的业务，张经理也以礼相待，虽然两人算不上一见如故，倒也相处得和睦友善。在交谈的过程中，眼看着午餐时间快到了，秘书进来问："张总，您还有香菇酱吗？中午还吃面条吗？"张经理点点头，木木突然发现张经理的办公桌上摆着一个仲景香菇酱的礼盒，因而随口问道："张经理，你喜欢吃香菇酱？"张经理笑了，说："家乡特产！"木木马上欣喜地用家乡话问："您是南阳哪里的人？"听到这句话，张经理显然感到很意外，愣了愣才以家乡话回答："镇平的，你呢？""驻马店。"三言两语，木木与张经理就成了相聚于千里之外的老乡，彼此感到更加亲切了，接下来的谈判进行得异常顺利。中午时分，张经理还请木木吃了香菇酱拌面条，下午他们就顺利签约了。

在这个事例中，木木受秘书所说的话的启发，又看到张经理桌上有香菇酱的礼盒，因而意识到张经理也许是香菇酱的著名产地河南南阳人。为此，他马上与张经理拉上了老乡的关系进行交谈。也因为彼此聊得投机，所以木木与张经理接下来的谈判进行得异常顺利，张经理也就更加认可木木，所以成功签约。

很多时候，细节之中隐藏着重要的信息，因而我们在与他人交谈的时候必须关注细节，尤其是对于那些初次见面的陌生人，由于彼此之间并不了解，所以更应该学会察言观色，才能加速了解的进程，我们所说的话才能打动他人的心，令其产生共鸣，对我们心服口服。如此一来，交往自然更加和谐融洽，彼此的交流也能更加顺畅。

懂得因人而异，谈话才能事半功倍

日常生活中，我们每天都会与熟悉的人交流，比如父母、兄弟姐妹、爱人、孩子、同事、朋友等，也会与陌生的人打交道，比如坐地铁遇见的过客、买菜或逛超市遇到的人、因为工作需要不得不打交道的陌生人、甚至是路上的行人等。这些人都与我们素昧平生，我们既不了解他们的现状，也对他们的过去一无所知，因而与他们交往时难免会有些丈二和尚摸不着头脑的感觉，甚至有的时候说起话来也像是没头苍蝇一样，总是东一句、西一句，毫无章法可言。在这种情况下，要想与他人交好只能依靠运气，所谓瞎猫碰着死耗子，也就大抵如此吧。

然而，任何事情要想成功，必须依靠谋划。在面对陌生人时，虽然我们并不了解对方，但也要根据对方的实际情况作出一些基本的判断。或者说在面对熟悉的人时，我们也依然要根据对他们的了解，及时调整自己的交谈策略。总而言之，知己知彼，才能百战不殆。我们必须在开口之前做足准备工作，才能针对不同的交谈对象，让自己顺势而为，采取不同的技巧和策略，从而更好地调整自己的思路和交谈的谋略，把每句话都说到他人心里去，使交谈能起到事半功倍的效果。

作为一名服装推销员，小雅参加工作一个多月以来，一件衣服也没有推销出去。眼看着两个月的试用期就要到了，小雅非常着急。为此，她特意向一位经验丰富的销售员求教，并且请求对方多多指点她。为此，这名销售员特意观察小雅是如何接待客户的，整整一个上午，小雅在接待客户时错误百出，没有销售业绩的原因也就一目了然了。

一大清早，店里就来了一位时髦的少妇，看起来应该是不需要上班的阔太太，不然谁会在工作日的大清早来逛街呢？小雅马上把店里最新潮、时髦的新品推销给那位太太，并且对那位太太说："您好，美女，这件衣服是最新款，我们一早上就已经卖出去好几件了呢！您可真是好眼力啊！"不承想，这位少妇不以为然地看了看小雅，连衣服都没试，就走了。后来，店里又来了一位中年妇女，胖乎乎的，似乎相中了一件马甲，因而拿起来不停地在自己身上比画着。这时，小雅又走上前去，说："这件衣服很配您！此前也有两位顾客看中了，但是她们都太瘦弱，弱不禁风的，完全撑不起这件衣服。您穿着一定合适，就像贵妇人一样，非常适合您的身材和气质。这件衣服仅此一件，也许就是为了等着您吧！"不承想，这位中年妇女狠狠地瞪了小雅一眼，就生气地走了。

这时，那位经验丰富的销售员走过来说："小雅，我可算知道你为什么卖不出去衣服了。"小雅无辜地说："我的确已经尽力了。"销售员笑了，说："你是尽力了，但是你眼力不够好，所以说话总是说不到点子上，还易惹得顾客生气呢！比如说第一位顾客，一眼看去就是个不缺钱的阔太太，你居然说那件衣服一早上就卖出去好几件，她怎么可能穿着满大街的人都穿的衣服招摇过市呢？第二位顾客明明是个中年妇女，最怕显得另类，你又告诉人家这件衣服仅此一件，仿佛是为她量身定制的一般，还说瘦人穿不了，这不明显说人家是年纪大了的家庭妇女且很肥胖吗？如此一来，谁还愿意在你这里买衣服啊！”小雅听后若有所思。销售员又说：“见到什么人就要说什么话，你只有具备这样的能力，才能成为一名合格的销售员！”

在这个事例中，小雅之所以每次推销都不成功，就是因为她不了解不同顾客的需求，而导致销售策略混乱，也导致她说的话不能被顾客接受，最终惹恼了顾客。任何情况下，我们都应该学会区分不同的交际对象，因为他们不但脾气秉性不同，也有可能身份地位不同、人生经历不同、教育背景不同等，很多情况都完全不同。假如我们总是对他们一视同仁，必然导致用一种方法无法使得所有人满意。因而，我们必须要学会“见风使舵”“因人而异”，才能在与人交流时更加得心应手、如鱼得水。

此外，我们还需要注意，即使对于同一个人，在不同的心境和遭遇下，他们的情绪和喜好也会有所不同。例如，我们平日里和闺蜜无话不说，对于任何事情都能和闺密无所顾忌地开玩笑，但是假如闺蜜恰巧心情不好，或者家里有不好的事情发生，或者工作上不如意，或者与老公吵架了，我们再肆无忌惮地跟她开玩笑，也许就会招惹闺密心烦，甚至从此与我们分道扬镳。总而言之，我们不但要因人而异，更要根据当时的实际情况，采取最佳方式与他人进行交流。

交谈对象性格不同，采取的交谈策略也不同

众所周知，“江山易改，禀性难移”。每个人都有自己的性格，每个人的性格也都是不尽相同且很难改变的。在这种情况下，同一句话对性格不同的人说，也许就会导致完全不同的后果。例如，一句玩笑话对性格开朗的人说，也许只是彼此间哈哈大笑而已。但是，假如对性格内向且敏感的人说，就会给对方加重心理负担，甚至令其惴惴不安——这句话是什么意思呢？他为什么要这样对我说话呢？倘若再把这句话说给个性十足的人听，也许反而会招致对方一通抢白，导致自找难看。人与人性格的不同，导致他们在面对相同的一句话时会有截然相反的反应。既然如此，我们作为交谈者，一定要针对不同性格的人，采取不同的交谈策略，这样才能有的放矢，达到事半功倍的效果。

作为一名大学辅导员，张晴的工作就是与形形色色的学生打交道，帮助他们解决心理问题，为他们排忧解难。在长期的工作过程中，张晴渐渐意识到要想做好学生工作，必须了解不

同学生的心理，这样才能有针对性地开展工作，从而使得工作效率倍增。

这段时间，正在读大四的学生们一个个心中都有着小算盘，有人准备考研，有人准备找份好工作，还有人准备自主创业。随着考研大军的人数越来越多，准备考研的学生显然压力最大。如何才能好好鼓励学生们，从而帮助他们获得好成绩呢？思来想去，张晴准备逐个进行开导。周一晚上，张晴首先约许文强谈话，他是班里的班长，在班里能起到带头作用。为此，张晴说："你呀，肯定没问题，那么多事情你都是带头尖兵，多么艰巨的任务你都能完成，这次也能不例外。"许文强在张晴的鼓励下，信心百倍，斗志昂扬。周二晚上张晴的谈话对象是晓雪。晓雪是个农村的孩子，家境贫困，读大学都是借助于奖学金和助学贷款的，为此晓雪对于考研一直很犹豫，很担心自己考研会给家里增加负担。张晴对她说："磨刀不误砍柴工，虽然考研也许会晚几年帮助家里人挣钱，但是等到你毕业以后，肯定能够有更高的起点。最重要的是，你考研之后可以有更多的兼职机会，也能够自己供养自己了，完全不必担心给家里增加负担。你一定要勇往直前，不要瞻前顾后，等到研究生录取通知书寄来的时候，你一定会感到自己所有的付出都是值得的。"周三，张晴与叛逆心很强的巧丽进行了交流，她以不屑的口吻对巧丽说："你怎么也想考研呢？你看看你大学四年里有几门功课不及格？真不知道你为什么也心血来潮要参加考研，说实话我不看好你啊！我劝你也别白费力气了，还是赶紧托托关系找份清闲的工作混日子吧！”巧丽丝毫不因为张晴的话而感到沮丧，反而不服气地说：“老师，你瞧不起我是吧，我还偏偏就要证明给你看，我也能考上研究生。”周四、周五……张晴继续着她的谈话工作，她每次都用不同的策略和不同的学生进行交谈，最终考研结果出来后，她所负责的班级研究生录取率是最高的。

张晴的工作之所以会如此卓有成效，就是因为她与学生交谈时，都是根据学生不同的性格特点进行谈话的，也采取了不同的策略。她有的放矢，自然也就能收到事半功倍的效果。面对不同的学生，她要么鼓励，要么采用激将法，要么安抚……总而言之，她完全了解不同学生的内心世界，也熟悉他们各自的脾气秉性，因而工作效率倍增。

任何交流，必须在充分了解对方性格的基础上，才能洞察对方的内心，了解对方的心理状态和潜在意图。只要能够做到因人而异、有的放矢，交流的效果就会成倍增长，也能够帮助我们达成心愿。

面对不同年龄的人，谈话方式应有所区别

我们不仅要针对不同性格的人采取不同的说话策略，面对不同年龄段的人，也同样需要因人而异，采取不同的说话策略，这样才能说出符合对方年龄特点、心理特点的话来，从而

让我们的每句话都能打动听者的内心，也能够顺利地把我们自己推销给听者，从而得到他们的认可和肯定。

一个社交达人不管在什么场合，肯定都能做到左右逢源，不管是面对同性还是异性，不管是面对老人还是孩子，都能做到恰到好处地说出每一句话，让所有人都愿意与其聊天。尽管这看起来很难，但是只要我们拥有足够的耐心，就能够根据年龄区别对待不同的交流对象，就一定能够实现目标。就像医生给病人看病，必须对症下药才能药到病除一样，人们说话也是如此，必须因人而异把话说到他人心里去，才能得到他人的认可和尊重，从而为自己的人际交往打开局面，建立好人缘。

有一天，蒂娜开车去偏僻的山村拜访一位远房亲戚。她只在很小的时候见过这位远方亲戚。为此，蒂娜决定留下来陪这位老阿姨聊天。看着老阿姨这幢古朴的别墅，蒂娜说："阿姨，这座别墅肯定有年头了吧？"老阿姨点点头，说："它的岁数可比你大呢！"蒂娜笑了，说："嗯，难怪它看起来如此古色古香！我还记得我出生的时候也住在老别墅里，当时前后院都有很多美丽的花朵和参天大树，遗憾的是后来别墅被拆除了，现在想看一看这样的老别墅简直太难了。"老阿姨马上表示认可，说："你说得对！现在很多年轻人根本不懂得这种老别墅的好处，他们只想住在精致的公寓里，开车四处游玩，丝毫没有家庭观念。"

老阿姨似乎陷入了回忆之中，说："这座老别墅就像是当初我梦中的一样。当时，我和我丈夫还很年轻，我们费尽千辛万苦，好不容易才亲自设计了这栋别墅，它承载了我们无数的梦想和希望。我们在这里生儿育女、成家立业。”说完，老阿姨就开始带着蒂娜参观别墅，每到一个房间里，看着那些充满回忆的小摆设等，蒂娜总会发出惊喜感叹。老阿姨高兴极了，俨然兴致很高。在参观完别墅之后，她还特意带着蒂娜去参观她的车库，出乎蒂娜的预料，车库里居然有一辆几乎全新的老爷车。蒂娜仿佛见到了珍宝一般，喊道：“这太让人感到惊喜啦，这辆老爷车几乎从未使用过吧，才能这么新。现在市面上已经没有这种车了，简直太酷了，花钱也买不到啊！”老阿姨就像抚摸着孩子一样抚摸着老爷车，说：“送给我这辆车没多久，我丈夫就去世了，这是他留给我的唯一念想。这么多年来，每当我想起他，就会来老爷车里坐一坐，想一想过去的日子。既然你如此喜欢，不如我就把它送给你吧！我相信你一定会好好爱惜它的。”蒂娜喊道：“阿姨，这个礼物太贵重了，我不能接受，你应该……你应该把它留给你的孩子，或者你的亲戚，我相信他们一定会乐于接受的……”老阿姨不以为然地说：“算了吧，我不相信他们会真的爱惜它，他们只会把它作为价值不菲的遗产而已，我想让一个真正欣赏它的人拥有它。”就这样，在阿姨的坚持下，蒂娜接受了这份贵重的礼物，她决定以后一定要多来陪伴阿姨，与她经常说说话。

对于很久都没有见面的远房亲戚蒂娜，老阿姨为何如此慷慨大方呢？其实在此次见到蒂娜之前，也许她都想不起蒂娜的模样了。正是由于蒂娜能准确把握老阿姨的年龄，在言谈举止间都非常顾及老阿姨的感受，所以她才能得到老阿姨的认可，也才能得到老阿姨的慷慨馈赠。当然，我们并非在强调如何做才能为自己争取更多的利益，而是想要告诉大家如何根据年龄区别对待我们的交谈对象，才能把话说到他们的心里去，不至于引起他们的反感，从而让交谈更加和谐愉快。

每个年龄段的人都有各自不同的心理状态，在处理问题时，也会有各自不同的态度。对于垂暮的老人和对于年幼的孩子，我们一定会讲究说话的方式方法，但是对于年龄段相差不是那么明显的人，我们就很容易忽视他们的不同心理状态。其实，40~50岁、50~60岁的人，其心理状态也是不同的。要想把话说到每个人的心坎里，我们就一定要考虑他们的年龄段特征，从而做到更好地与他们进行交流和相处。

对方的身份和地位，是你选择交谈方式的依据

现代社会很多人都提倡人人平等，要求得到绝对的公平。其实这个世界上根本就不存在绝对的公平，例如，有很多人生在富贵的家庭，即使一天不奋斗，也能够比普通人家的孩子起点高出很多，这是先天的不公平。所谓人格上的公平，仅限于精神世界，在物质世界里是行不通的。比如在热播的电视剧《芈月传》中，王后的嫡公子从出生开始，身份就比其他的公子更加高贵，这一点毋庸置疑。除了先天的不平等之外，人们即使处于同一起跑线，在经过后天的努力之后，也会存在不同

程度的发展，有些人成为成功人士，有些人则始终默默无闻。当身份和地位都不相同时，我们还能像小时候穿开裆裤一样和对方嬉笑怒骂、无所顾忌吗？

时代在发展，每一个置身于时代洪流之中的人，都处于身不由己的改变之中。在这种情况下，我们只能顺从改变，接受改变，从而让改变督促和鞭策自己不断前行。即便是曾经相识的人，也会因为自身不断地改变使彼此的距离越来越遥远，身份和地位的悬殊越来越大。这样的情况下，我们只能与时俱进，根据交谈对象的身份和地位，有的放矢地进行交谈。

曾经，刘东和马宇一样，都是班里的后进生，经常把老师气得七窍生烟。然而，在社会上打拼了十几年之后，脑筋活络的马宇现在已经成为当地大名鼎鼎的房地产商，不但家大业大，而且名声在外。刘东呢？自从高中毕业就一直在外打工，这么多年来始终默默无闻，一事无成。他回到家乡之后，得知马宇成为大老板了，感到非常惊讶，当即决定去拜访马宇。

看着马宇在市区中心气势恢宏的办公楼，刘东不以为然，直接就闯了进去，甚至等不及让其秘书通报，就进了马宇的办公室。未见其人，先闻其声。刘东大声喊道："马宇！你这个小老儿，还记得和老子一起穿着开裆裤和稀泥的日子吗？现在居然出息了啊！"刘东话音刚落，马宇便愠怒起来，对跟在刘东身后进来的秘书发了一大通脾气："你是怎么工作的？难道不知道我在开会吗？就这样让闲杂人等闯进来啦，成何体统！"原来，此时此刻马宇并非是自己一个人在办公室，办公室里还有公司的很多高层管理者，正在商议下一步的营销战略。在下属面前丢了脸，难怪马宇会生气。

等到会议结束后马宇与刘东见面时，马宇始终对刘东不冷不热的，刘东自觉无趣，也没有向马宇提找工作的事就告辞了。

在这个事例中，马宇与刘东的感情原本是比较深的，马宇也不至于对刘东如此冷漠。错就错在刘东不应该以老眼光看人，更不应该在还未见面的情况下就不分青红皂白地揭马宇的老底，尤其是当着马宇下属的面。如此一来，尽管马宇猜到了刘东前来的意图，也根本不敢把刘东留在自己身边，万一哪天刘东再不知分寸地让自己下不来台呢？为此，马宇只好对刘东不冷不热，让刘东知难而退。假如刘东意识到马宇如今的身份和地位已经不同往日，也能够采取正确的态度处理彼此间的关系，也许事情还会朝好的方向发展，也就不至于如此了。

人都是爱面子的，越是身份、地位高的人，越是在乎自己的颜面。因而我们在与他人交流时，一定要充分考虑到他人的心理需求，千万不要对他人的身份、地位满不在乎，否则就会遭到他人的误解，也使自己与他人之间的关系陷入尴尬和冷漠之中。所谓礼多人不怪，任何情况下讲礼貌，给予他人足够的尊重总是没错的，这一点我们必须牢记于心。

好汉也提当年勇，把话说到他人心里去

虽然人们常说好汉不提当年勇，但是假如我们真的想与好汉拉近距离，成为好汉认可和接受的人，就应该反其道而行之，偏偏要与好汉提起当年之勇，如此或许会有意外的惊喜！众所周知，大凡成功人士一定有着自己的过人之处，也曾经遭遇过很多坎坷和挫折，才拥有了今日的成就。因而，我们不要总是看着他人的成功而羡慕不已，更应该想到他人曾经的付出和努力，也应意识到他人的过人之处。在与成功人士打交道时，好汉也提当年勇，才能把话说到好汉的心里去。

人都是很爱面子的，每个人面对自己的光荣历史，一定想让更多的人知道，也愿意得到他人的认可和赞美。在生活与工作中，我们常常因为各种各样的原因需要与成功人士接触，又会因为生活的档次与成功人士相差甚远而心中忐忑不安，既不知道如何面对成功人士，也不知道如何与他们搭讪才能得到他们的回应，赢得他们的好感。其实很简单，和成功人士谈谈他们曾经洋洋得意的事情，他们马上就会对你产生好感，甚至认可和欣赏你。这一点是毋庸置疑的。当然也需要注意，提起好汉的当年勇时，还要以自然的态度进行，千万不要涉嫌故意拍马屁，曲意逢迎，否则就会事与愿违。

近来，市里最大的企业要进行招标，由于他们扩建了厂房

和员工宿舍，现在需要订购一批木质的办公家具和寝具。为此，很多木器厂的负责人都纷纷前来拜访该企业的负责人马总，想要拿下这笔大订单。然而，这些人全都乘兴而来，败兴而归，因为马总最近很忙，根本没有时间处理此事。在大多数人都碰了一鼻子灰的情况下，市里的一家小木器厂的负责人刘强也闻讯赶来。经他三番五次的恳求，马总的秘书才答应带他去马总的办公室，不过秘书也好心提醒他说："马总很忙，你也许只有五分钟的时间。"果然，刘强跟随秘书进入马总办公室之后，看到马总正伏案处理公务，因而他安安静静地站着等待，丝毫没有打扰马总。

足足过了一刻钟，马总才抬起头来，看到刘强，他问："请问，你有什么事情吗？"刘强笑着说："马总果真是个大忙人，日理万机啊！"随后，刘强又说，"马总，您的办公室是谁负责装修的？风格非常独特，一看就是行家的杰作啊！"马总笑着说："你才是行家呢，居然一下子就看出这间办公室的风格与众不同啦！其实，这间办公室是我亲手设计和装修的，只不过因为现在工作太忙，都没有时间欣赏了。"刘强说："行家一出手，就知有没有。我这下子可知道为什么那些同行都被您拒之门外了，对于您这样讲究品位的人而言，普通的设计根本入不了您的法眼啊。就说您的这张办公桌吧，材料应该是红酸枝吧，今日得见也是不枉此行了。"听到刘强的话，马总表现出浓厚的兴趣，他仿佛突然间来了兴致，居然放下手里的工作，开始带着刘强四处参观起自己的办公室来。他们一见如故，足足聊了一个多小时，感觉相见恨晚，马总还特意留下刘强吃午饭呢！最后刘强只是留下了自己的名片，丝毫没有提起合作的事宜，就告辞了。一周之后，马总主动去刘强的木器厂参观，并且表示愿意把这笔大生意交给刘强去做。

在这个事例中，刘强之所以能够得到马总的赏识，就是因为他独具慧眼，从马总的办公室谈起，由此谈到了马总的得意之事，使马总放下自己手里的工作，居然专心致志地接待起刘强来。不得不说，这一切都得益于刘强找准了好话题，也提及了马总的“当年勇”，所以才能激发起马总的谈话兴致，使得他与马总之间的交流也更加和谐融洽。如此先做朋友，再做生意，怎能不水到渠成！

现代社会，人际关系已经被提升到前所未有的高度。我们每个人都必须学会与形形色色的人打交道，才能更加顺利地开展工作。需要注意的是，那些成功人士往往是出类拔萃之人，对社会有着独特的贡献，他们的资源和人脉自然也更丰富，很容易就会成为我们生命中的贵人。所以我们不管因为什么原因要与他们打交道，都应该努力掌握方法和技巧，争取把话说到他们的心里去，这样交往才会更加顺畅，交流也才会更加融洽。记住，面对成功人士，好汉也要提当年勇，我们唯有不露痕迹地提起他们的当年之勇，表达出对他们的钦佩和赞许，才能激发出他们的谈话兴致，让他们对我们敞开心扉。

第05章

巧妙说“不”——学会拒绝才能“科学发展”

现实生活中，几乎每个人都有向他人求助的时候，也经常会被他人求助。在这种情况下，倘若我们心有余力也足，那么当然可以慷慨大方地帮助他人。遗憾的是，我们常常会出现自顾不暇的情况，或者因为种种原因而无法帮助他人。每当这时，我们必须学会委婉拒绝他人，否则就会因此而失去朋友、得罪他人。从本质上来说，拒绝是一门语言的艺术，恰到好处地拒绝才能顾全他人的颜面、倾诉我们自己的苦衷，也才能得到他人的谅解，使我们与他人之间的情分得以维持和延续。

拒绝很难，有时不妨采取迂回战术

有些人在拒绝他人时总是直截了当，非常生硬，也因为该方式粗暴，导致他人的面子受到损害。其实，很多事都可以运用委婉的方式，拒绝也是如此。原本他人向我们寻求帮助，一定是因为觉得我们值得托付和信任，倘若我们非但不能帮助别人，还生硬地拒绝他们，导致他们的心理产生创伤，那么就很有可能使他们恼羞成怒，也使他们与我们之间的情分消失殆尽。聪明人不管出于什么原因拒绝他人，都不会过于直接，而是会采取委婉的方式表明自己的心意，使对方领悟他的意思，从而知难而退，主动改变他人求助的意图。如此一来，不但能够保全对方的颜面，而且能够使对方更加了解我们的苦衷，也能意识到我们并不是不想帮助他们，从而避免影响彼此间的感情。

人与人的相识、相知都是靠缘分的，无论是朋友、亲人、爱人，我们都应该珍惜彼此的情谊，千万不要对他们的真情厚谊不以为然。每个人都是独立的个体，都有自己独特的脾气秉性和行为方式，因而无法强求。反过来也是如此，我们自身也不愿意被他人强求，如果他人对我们的期望过高，我们也一定会觉得非常为难。在这种情况下，令自己为难并非明智之举，可以做的就是以合理的方式拒绝他人，从而使得事情得以圆满解决。

大学毕业后，菁菁和好朋友乔乔分道扬镳，菁菁去了大城市打拼，乔乔则回到了家乡小县城当了一名老师。几年后，菁菁和乔乔都到了谈婚论嫁的年纪，且乔乔与其男友正在筹备婚事。

这一年春节，菁菁回到家里，像往年一样和乔乔聚会。乔乔突然说：“亲爱的，你工资那么高，一定攒了很多钱吧？”菁菁笑了笑，说：“挣得多花得也多啊，你都不知道大城市开销有多大。”乔乔又说：“得了，别哭穷了，是不是怕我问你借钱啊！”这时，菁菁意识到乔乔一定是买房缺钱，虽然她有了些积蓄，但是也都买了基金了，于是她决定先发制人，哭丧着脸说：“唉，我要是有钱借给你，倒是好了。我跟你说说你就明白了，我一个月工资8000元，看起来的确是你月薪3000元的两倍之多。但是你月薪3000元还能攒下钱，我虽有8000元却只能勉强为生。首先，房租是大头，每个月就需要2000元。其次，吃饭和交通费用，每个月又要花2000元，这还是在每天吃工作餐，从来不敢下馆子的情况下。再次，公司大，人情往来也很多，每个月至少要1000元。此外，就是购买衣服的费用1000元。你也知道，现在的人都是以貌取人，假如我不把自己打扮得精神、利索一些，就会被人瞧不起。还剩下2000元，总会有个头疼脑热的，有的时候家里需要钱，我也还得给父母寄一些。”听了菁菁的诉说，乔乔瞠目结舌：“难怪你这一个月挣8000元的人，还没我生活得好啊！”菁菁连忙点头，说：“可不是嘛！不跟你说，你肯定难以相信。”就这样，乔乔打消了向菁菁借钱的念头，对此绝口不提了。

面对好朋友、亲戚、家人的借钱请求，拒绝无疑是最难的。很多时候，他人只看到我们光鲜、亮丽的一面，根本不知道我们的生活其实也非常艰苦。因此如果觉得自己根本自顾不暇，就可以像事例中的菁菁一样先发制人，从而在对方未开口的情况下就让对方意识到某个请求是不可行的，最终促使他们主动打消不合时宜的请求，这样既保全了双方的面子，也避免了请求说出口之后的尴尬。

需要注意的是，在拒绝他人时，不管我们采取何种方式，都应该非常真诚地倾听他人的诉说。否则，倘若我们连听都没有听，就直截了当地拒绝了他人的请求，则一定会被误解为根本不想尽力帮忙。此外，在拒绝他人的请求之后，也不要抱有帮助他人是道义，拒绝帮助他人是道理的想法，这样的想法往往缺乏人情味。倘若我们能够真心实意地因为无法帮忙而向他人道歉，则能够更好地安抚他人的心理，从而使他人即便被拒绝，也不会对我们产生误会。当然，要想让他人不抱怨我们，一个合理且充分的理由是必不可少的，毕竟对于有能力却不帮忙的人，人们会心怀怨恨，但是对于心有余而力不足的人，即使请求遭到拒绝，人们也不会过分苛求。总而言之，我们拒绝他人必须委婉，这样才能维护彼此间的感情，不至于因此导致彼此的感情受到影响。

婉言拒绝，用含蓄的话语表明心意

在拒绝他人时，有些人非但没有给出合适的理由，而且不合时宜地要行使人权，偏说自己就是不愿意帮忙，除此之外毫无理由。尽管帮忙是情分上的事情，但是任何人被如此霸道地拒绝，总归不会是愉快的。与其这么直截了当、毫不掩饰地拒绝他人，最终导致原本的情分也荡然无存，我们不如采取委婉含蓄的表达方式，给予对方更多的尊重和理解，从而保护彼此的感情不受到伤害。当然，需要注意的是，即使采取委婉含蓄的方法拒绝他人，我们也应该竭尽所能地表明心意，千万不要因为委婉含蓄导致意思含糊不清，甚至遭人误解。

在拒绝他人之前，很多人心里往往会非常犹豫、纠结。倘若接受他人的请求，则会使自己感到委屈和为难；倘若拒绝他人的请求，则又怕得罪了他人。在这种情况下，如果能够有两全其美的方法，则无疑是最好的选择。委婉含蓄地拒绝他人，正是这样一种好办法。否则勉强自己接受了他人的请求，却又因为能力不足导致无法兑现承诺，则不但会伤害彼此的情感，还会因为延误时机，导致对方蒙受更大的损失。如此一来，暂时的接受还不如干脆的拒绝呢！众所周知，多个朋友多条路，多个敌人多堵墙。任何情况下，拒绝都不要盛气凌人，更不要满怀嫌恶之情。我们唯有以委婉含蓄的方式明确表达我们的拒绝之意，才能兼顾各个方面，让各方皆大欢喜。

如今的应届大学毕业生满世界都是，如果不具有出众的才华和能力，想找到合适的工作并非是一件容易的事情。前不久，一家宾馆面向社会招聘服务员，也接受应届大学毕业生。有两个女大学生——娜娜和丝丝，在得知消息后马上前去面试。经过重重考核，宾馆经理觉得她们在各个方面的条件都很适合，诸如都是本科毕业，都是酒店管理专业，也都是年轻美丽的女孩儿。面对她们，该宾馆的经理觉得很难选择，不管留下哪一个，都担心会因为错过更好的那个而感到遗憾。倘若把娜娜和丝丝都留下来，则又超出了宾馆的承受能力，平白无故需要多开出一份工资来。思来想去，该经理决定留下她们在宾馆实习一个星期，从而可以更加认真细致地观察她们的工作情况，再决定她们的去留问题。

眼看着一个星期的实习期就要满了，该经理特意安排娜娜和丝丝分别在相邻的两天轮流值班。先是娜娜值班，那天有个客人退房，娜娜对客人说："先生您好，请您稍等一下，我让保洁人员检查一下您的房间，看看您是否有遗漏的物品。"紧接着，娜娜就用对讲机呼叫那个楼层的保洁人员马上去退房客人的房间检查。保洁人员告诉娜娜："客人没有遗漏物品，只是卫生间的浴巾少了一条。"这时，娜娜笑着对客人说："先生您好，经过保洁人员检查，您没有遗漏物品。我们宾馆的浴巾非常好，您真是有眼光，您能喜欢我们的浴巾，这是我们的荣幸。我们也很愿意把浴巾作为纪念品送给曾经光顾过的客人，不过每条需要收取工本费20元，谢谢您的配合。"说完，娜娜就开始为客人办理退房手续，客人此刻拿出浴巾，说："不好意思，我可能收拾衣服的时候不小心装错了。我不需要浴巾，谢谢你。"就这样，娜娜圆满地解决了问题。

次日，是丝丝值班。这一天，依然有客人退房，丝丝说："先生您好，请您稍等，我们必须检查完房间里的东西是否完好无损，才能给您办理退房手续。"没多会儿，保洁人员检查之后说：“卫生间里少了一条浴巾。”丝丝马上一本正经地对客人说：“先生，您是不是拿走了卫生间的浴巾？这个浴巾是我们酒店特别定制的，您必须照价赔偿，按照规定我会从您的押金里扣掉20元钱。”可想而知，那位客人不但羞愧得满面通红，而且很恼火，他也许再也不会来这家宾馆入住了。

最终，经理轻而易举地做出了决定，即留用娜娜，辞退丝丝。

作为服务业的服务人员，显而易见，丝丝对客人说话时过于生硬、直接了。现代社会，没有人穷得会故意偷一条浴巾。而且顾客就是上帝，就算顾客真的特意拿走了浴巾，丝丝也不应该直截了当地说让顾客赔偿，否则一旦失去顾客的支持，宾馆就会为此受到损失。相反，娜娜对顾客说话的方式则显得更容易让人接受。她从未指责顾客拿走了浴巾，而是站在顾客的角度为客户着想，并且对于顾客认可宾馆里的浴巾表示感谢。这样一来，顾客也觉得自己受到了宾馆服务员的尊重，保全了自己的颜面。可想而知，经过娜娜不卑不亢的服务，那位顾客一定还会再次光顾该宾馆的。

一直以来，遭受拒绝都不是一件让人高兴的事情。尤其是在众目睽睽之下，被人拒绝绝大多数时候会让他人觉得颜面尽失，也会让发表拒绝意见的人感到非常尴尬和难堪。所谓条条大路通罗马，既然直接当面拒绝并不合时宜，那么我们不如运用委婉的方式准确表达自己的心意，这样才能让事情的发展水到渠成、顺理成章，也不至于伤害人们彼此间的情谊。

拒绝也要温和点，拒绝不是为了得罪人

被拒绝原本就是件很难让人接受的事情，倘若拒绝他人的人还声色俱厉、义正言辞、毫不客气，则这样的拒绝更会使人陷入难堪的尴尬之中，让人根本无法平心静气地接受。其实我们在拒绝他人时完全没有必要提高嗓门，更无须言辞犀利、刻薄。所谓得饶人处且饶人，与其在拒绝他人时得罪他人，我们不如以温柔平和的语气拒绝他人，这样反而能够保全彼此的颜面，也使得彼此的情分能够延续下去。

眼看着文文到了谈婚论嫁的年纪，她也的确处了几个男朋友，但是最后都无疾而终了。妈妈看着文文已经30岁了，不由得心急如焚，四处托亲戚、朋友为文文介绍对象，对此文文非常抵触。

这不，刚到周末，文文才回到家里，她妈妈就说："文文，你大姨医院有个年轻的医生，32岁了还没结婚，又和女朋友分手了，我觉得与你正合适！怎么样，明天见见吧！"文文懊恼地说："妈妈，结婚是我自己的事情，恋爱也是我自己的事情，您能不能不要跟着瞎操心！"她妈妈一听就火冒三丈，喊道："哦，你现在翅膀硬了有主见了，那你倒是带个男朋友回来给我看看呀！我不管，你今年春节必须结婚！"文文听后更加着急了："妈妈，您脑子没糊涂吧，现在已经5月了，您居然让我春节结婚，难道我是萝卜、白菜待价而沽吗？"她妈妈听了也恼

火地说：“你看看咱们楼上楼下，人家不管是比你大的还是比你小的，孩子都能打酱油啦，你却还赖在家里！”“好，您说我赖在家里，那我以后就不回家了！要不是为了回来看看您和爸爸，我才懒得回来听您唠叨呢！”就这样，娘俩儿闹得不欢而散。

在吵闹之中，文文31岁了，新年的钟声也如约敲响。年夜饭桌上，她妈妈又开始唠叨，文文原本想要发火，转念一想：“大过年的，不能惹妈妈生气，我还是学乖点儿吧！”想到这里，文文说：“妈妈，您看，您这一辈子和爸爸恩爱到白头，从未红过脸、吵过架，您总不希望女儿的婚姻遭受挫折吧！我是这么想的，我呢也不算年纪很大，我只想找到一个能像您和爸爸一样白头偕老的人，再牵手、再结婚。总而言之您放心吧，您的女儿这么优秀，还怕嫁不出去吗？只是我的真命天子还没出现而已，也许明年这个时候您都已经有女婿了，对不对？”听着文文的温言细语，她妈妈不由得伤感起来，眼眶都红了，说：“孩子，我还不是为了你好吗，你可别嫌妈妈烦啊！”

在这个事例中，每当听到妈妈催着自己找对象，文文的气就不打一处来，也因此与她妈妈产生了很多次争执。实际上，倘若文文能够好言好语地劝说妈妈，妈妈就一定能够领会她的苦心，也能意识到她并非不想找男朋友，只是还没有遇到合适的而已。婚姻大事关系到一辈子的幸福，她妈妈当然也知道急不得，仓促不得，必须有足够的耐心等待，才能在对的时间遇到那个对的人。

在这个世界上，最疼爱女儿的人莫过于她的妈妈。因而当文文理解了她妈妈的苦心后，对她妈妈好言相劝，她妈妈也就能够理解文文的苦衷了，再也不会火急火燎地催着文文结婚了。心理学家经过研究证实，人与人之间的情绪是会相互感染的，尤其是当交谈双方有一方歇斯底里地发脾气时，另一方就算本来心平气和，也难免会马上受到感染，变得心浮气躁。由此可见，良好交流的基础就是保持平和愉悦的情绪，这样才能心平气和地进行交流，使得交流变得更加和谐融洽。

敢于说“不”，这是每个人都有的权利

生活中，有很多人都不好意思拒绝他人，更羞于对他人说“不”。这是因为人们总觉得拒绝他人一定会使他人感到伤心，因而心怀愧疚。尤其是对于很多年轻人而言，他们更是不愿意说“不”，却又因为自己能力有限不可能为所有人都提供帮助，也因此受到困扰。其实，说“不”是每个人的权利，不管是在心有余而力不足的情况下，还是在有能力帮助别人却不愿意帮助别人的情况下，我们都可以坦然地说“不”。归根结底，帮助一个人是看在彼此的情分上，而并不意味着你有此责任和义务，因而你也完全可以拒绝他人的求助，从而顺从自己的内心。

很多年轻人为了帮助别人，导致自己变得非常被动，甚至受到伤害和委屈。如此一来，即使帮助了别人，也没有得到满

足感和快乐，有时甚至使自己郁郁寡欢，可谓得不偿失。有的时候，我们还会因为帮助别人心不甘、情不愿，导致最终没有兑现自己的诺言，反而落得个失信的下场，这也是很不理想的结果。与其如此，我们不如在一开始就遵从自己的内心，坦然说“不”，反而能够得到他人的谅解，也能使自己心安。记住，说“不”是我们每个人的权利，我们可以理所当然地说“不”，也可以坦然大方地拒绝他人的请求，尤其是那些不情之请。

26岁的小敏怀孕已有7个多月了，因为她肚子实在太大，不得不停下工作，专心在家调养身体。小敏租住的是平房，一幢房子有二十多间，整个社区里有三四十幢这样的平房。因为闲来无事，小敏常常去对面那幢房子，逗一个五六个月大的小娃娃玩耍。这家人是一对在市场里做调味料生意的四川小夫妻，一边做生意一边带孩子，常常忙得没有时间做饭。有时候小敏的妈妈也会帮忙带“小四川”，以便让他妈妈专心做饭。一来二去，小敏一家人和“小四川”全家越来越熟悉了。

有段时间，小敏的父母因为有事情回老家了，小敏便在父母的房间里住了几天。有一天，小敏正在睡觉，“小四川”的妈妈抱着“小四川”在外面敲门，说：“在吗？在吗？能帮我看下孩子吗？我急着做饭。”这时，小敏正在睡觉，可“小四川”的妈妈敲起门来没完没了，小敏不得不开了门。看着“小四川”，小敏为难地说：“不好意思啊，我不能帮你带孩子，平日都是我妈帮你带的，我的肚子太大了，没法儿抱他，也怕他踢到小宝宝不安全！”这时，“小四川”妈妈还是不依不饶地说："就把他放在床上，你看着别掉下来就行，不用你抱。"无奈之下，小敏只好留下了"小四川"，帮忙看着。一眨眼的工夫，"小四川"就差点儿掉到床下，小敏赶紧抱起他送了回去，一不小心被"小四川"踹到了肚子。她的肚子隐隐作痛，她提心吊胆了一个小时，肚子也才不疼了。等到她老公下班回来后，小敏说起这件事情，她老公不由得责怪她说："你呀总是要面子，她家孩子凭什么一定要让你看啊？你肚子已经这么大了，自己都行动不便。这个"小四川"的妈妈也真是的，怎么一点眼力见儿都没有！"说完，她老公找到"小四川"的妈妈，说明了情况，"小四川"的妈妈这才后怕地说："不好意思啊，真没想到会出现这种事情，给你们添麻烦了，等阿姨从老家回来后我再找你们帮忙吧！"

显而易见，"小四川"的妈妈是一个非常不明事理的人，对于一个挺着7个多月孕肚的孕妇，她居然还死乞白赖地缠着小敏帮她看孩子。对于这样的人，该拒绝的时候一定要毫不犹豫地拒绝，这样才能保护自己。就像小敏，假如肚子里的小宝宝真的出了什么问题，后悔可就晚了。

任何时候，我们都不能因为顾忌他人的面子，就打落牙齿往肚子里咽。尤其是事关重大时，更应该根据我们自己的判断，坚持自己处世的原则，这样才能有效保护自己。这就要求我们不必过分在意他人的想法，而要坚定自己的意愿，不能像墙头草一样随风摇摆。总而言之，人与人之间互相帮忙并非责任和义务，人生一世原本就很辛苦，我们也没有必要为了帮助别人而过分委屈自己。也许在我们拒绝他人之时，会被他人指责为“自私自利”，但是只要我们自己心中坦荡，又有何妨呢？记住，任何时候我们都是为自己活着的，而不是为了得到他人的肯定和赞许才辛苦地活着。

用暗示的方式让对方主动退却

如果不采取恰当的方式，直截了当地拒绝别人，无疑是会让人受到伤害，甚至彼此间的情分也会因此荡然无存。那么我们应该如何做，才能在顾全对方颜面、保全对方尊严的情况下拒绝他人的请求呢？一个高明的拒绝者，在拒绝他人之后，非但不会让对方对自己怀恨在心，而且会让对方理解和体谅他，意识到他的确是有苦衷的，否则一定是个热心肠的人。

当拒绝的话说出口之后，就像泼出去的水一样，不管给对方带来怎样的伤害，都难以收回和弥补。因此，我们要想防患于未然，最好的办法就是在事情还未真正发生的时候，以暗示的方法使得对方知难而退。如此一来，对方自然也就不会因为遭到拒绝而受到伤害，更不会为此埋怨我们不近人情了。

大学毕业后，小马之所以会选择来到这个陌生的大城市，就是因为他的姑姑一家人在这座城市定居了。为此，小马的爸爸和妈妈还特意带着很多家乡的特产，来到该城市拜见妹妹一家人，也顺便把小马正式托付给他的姑姑。爸爸已经很久没有与他的妹妹见面了，因而这次重逢显得分外亲热，也很热闹。姑姑也当即向小马爸爸表示："哥、嫂，把马驹子放在我这里你们放心，我一定会待他如同亲生儿子一样。"在没有找到工作之前，小马的确在他姑姑家住了几天，后来一找到工作，懂事的他马上就搬了出去。他姑姑家也有两个孩子，一个儿子、一个女儿，房子又小，他可不想影响他姑姑一家人的正常生活。拿到第一个月工资之后，小马还特意买了很多好吃的东西孝敬他的姑姑和姑父。

转眼间，小马在这个城市已经工作5年了。在这5年的时间里，他不仅工作上大有长进，还交了个女朋友，如今已经把结婚的事情提上了日程。然而，他女朋友的妈妈提出必须有房子才能结婚，否则怎么置办结婚的嫁妆呢？为此，小马盘点了自己工作5年来的积蓄，发现距离去郊区买套最便宜的房子还差十几万元。思来想去，老家在地里耕作的父母肯定没有钱，小马只好打起了他姑姑的主意。一个周末，小马拎着水果和礼品来到他姑姑家，和他姑姑闲谈时，他说："姑姑，我最近准备结婚了，就是遇到点儿麻烦，小薇的妈妈非要求我买房子，我把下个月的工资都算上了，还差十几万元钱！"这时，她姑父与姑姑对视一眼，说："小马驹，大城市的房子贵，你说的这首付差十几万元的房子一定很偏僻对吗？"小马点点头，说："在郊区呢，下了地铁终点站还得再坐几站公交车。"他姑父竖起大拇指说："真不错，那你能够凑出一部分首付也很了不起啦，比你表哥强多了。你表哥工作10年，前段时间买房子居然一点儿首付的钱都没有，全都是我和你姑姑掏的钱，我们把买棺材的钱都拿出来了，还借了很多钱，也得用我们的退休金慢慢还。指望你表哥是指望不上了，他媳妇马上要生孩子，到时候又得好几万的开支，这还没着落呢！”听了他姑父的话，小马很清楚他姑父的意思。的确，既然表哥刚刚买了房子，怎么可能有钱借给小马呢！想到这里，小马突然改变了主意，绝口不提借钱的事情，在他姑姑家吃完午饭就告辞了。

在这个事例中，小马原本准备向他姑姑家借钱买房结婚。但是领会到小马的来意之后，他姑父马上把“丑话”说在了前头，暗示小马自己和他姑姑辛苦积攒了一辈子买棺材的钱都拿出来给儿子买房了。如此一来，聪明的小马当然不会再自找难堪，也因为自己的请求还未说出口，他与姑姑和姑父都不会觉得难堪。

与其等到他人把请求说出口后再拒绝，不如在他人还未明确说出请求时，就把“丑话”说在前头，从而使他人知难而退，再也不动非分之想。这样一来，我们既能避免拒绝他人的尴尬，也能保全他人的颜面，还不会伤到我们与他人之间的感情，可谓一举三得。当然，这么做的前提是我们必须学会察言观色，准确洞察他人的心思，可千万不能自作聪明，以己度人，否则就会闹出大笑话。

第06章

耐心倾听——适时沉默让你大受裨益

面对两个谈判的对手，一人滔滔不绝，一个默不作声，你觉得哪个人更有实力？假如后者是因为怯懦才保持沉默，前者当然可以乐观自信。但是假如后者是因为胸有成竹，也为了从双方们的交谈中得到更多的有用信息，那么前者就要小心了，因为他的沉默一定比聒噪更有力量。任何情况下，倾听都是了解他人的必备技能，是能够体察他人内心的好方法。在倾听他人讲话时，我们一定要避免随意打断他人，唯有用心倾听，我们才能掌握需要的信息，从而为更好地与他人交流奠定基础、创造条件。

回应得法，才能收到理想的效果

在与人交谈的过程中，我们必须牢记不要随意打断他人，这是沟通的大忌，不但反映出听者不懂礼貌，而且也是不够尊重对方的行为。当我们随意插话的时候，别人原本谈兴正浓，也会因此受到影响，导致其兴致索然，根本不想继续说下去。如此一来，我们也就无法从别人口中得到更多的信息，更不可能在别人表达的间隙中恰到好处地“画龙点睛”。

也许有人会说，既然不让听者插话，那就保持沉默吧！凡事过犹不及，一直保持沉默同样得不到说话者的认可和欣赏。由于长久得不到听者的回应，说话者同样会觉得兴致索然，甚至根本不愿意继续交谈下去。总而言之，交流一定是需要互动的。虽然我们在倾听他人表达的时候不应该随意插话，但是也不应该始终保持沉默。我们唯有恰到好处地给予回答，才能让对方谈兴更浓，也更愿意与我们进行深入交流。从这个意义上说，恰到好处地给予回应正如画龙点睛，能让一次原本平常的交流变得生动有趣，也能使我们与他人的心意更加相通。倘若两个人彼此能够心灵相通，还愁不能顺畅交流吗？

最近这段时间，王强所在的公司准备从内部人员中提拔一名销售部主管。作为优秀的销售代表，王强和李楠都觉得自己希望很大。为此，他们不约而同地趁着周末去拜访公司主管人事安排的副总——张总。

王强刚到张总家，屁股还没坐稳李楠就提着当季的水果也到了张总家。看到自己的两员干将都登门拜访，张总很高兴，马上让爱人买菜做饭，并说中午要好好喝几杯。王强很细心，见到张总家里装修得古色古香，而且做工精致，因而问："张总，这个房子当初装修是您自己设计的吗？我觉得看起来和那些装修风格大同小异的居室完全不同，非常有特色。"张总眼睛一亮，说："王强，看不出来你还对此有研究啊！这的确是我自己设计的，而且材料全都是我在东北的亲戚从东北发来的，货真价实……"张总似乎被打开了话匣子，滔滔不绝地说起了自己装修时的很多情况，这时，李楠突然插话道："张总，您孩子读大学了吗？"如此突兀的话题让张总一下子不知如何应对，只好敷衍地说："是啊，是啊，大三了。"这时，王强看到张总对装饰意犹未尽的样子，赶紧把话题又拉了回来，说："张总，您这个装修如果让设计师设计，一定不会这么别致，而且会糟蹋了这些好木头！这房子的装修，您肯定既没少花心思，也没少花钱吧！"张总哈哈大笑道："王强，你小小年纪，看来生活经验很丰富。这些木材的人工费就花了我10万元，那还是10年前的价格！要是放在今日……"

在两个多小时的交流中，李楠总是时不时地打断张总的话，弄得张总兴致索然。王强呢，每当张总感到意犹未尽时，他就会把话题再拉回来，让张总兴致勃勃地继续谈装修。最终，张总决定让王强任销售部主管，他觉得凭借王强的沟通能力，未来一定能够把销售部门管理得越来越红火。

在这个事例中，王强情商很高，知道张总非常愿意谈当年自家装修房子的事情，因而特意给张总机会能多多讲述，他能恰到好处地把握时机，引导张总继续讲述。相反，李楠的情商让人堪忧，明明看到张总说得兴致勃勃，他却时不时地打断张总的话，弄得张总都没有兴趣继续说下去了。如果不是有王强在中间斡旋，也许张总和李楠早就无话可说了。

在与任何人交谈时，我们都要给予对方足够的尊重，千万不要随意插话。通常情况下，对方讲述一段时间之后会有休息的间隙，如果这时能恰到好处地提出问题，则可以起到画龙点睛的作用，非但不会扰乱对方的兴致，还会使对方谈兴更浓，也就会更加侃侃而谈，给予我们更多的信息。同时还要注意，插话一定要照顾对方的情绪，循着对方谈话的主题插话，这样才不显得突兀，也更容易让人接受。当插话恰到好处，把握好分寸时，能够使对方感受到尊重和敬意，从而回馈给我们认可和赏识、信任。

适时回应，让他知道你在用心倾听

在他人说话的时候不停插话，不但对人不尊重，还会破坏说话者的兴致，使说话者兴致索然，再也没有兴趣继续说下去。与此相对地，在他人说话的时候始终保持沉默就好吗？所谓凡事物极必反，过犹不及，如果在他人说话时一直沉默，同样也是不尊重他人和没有用心倾听的表现。

在倾听他人说话时，我们理所应当给予适当的回应，这样说话者才不至于觉得自己是在面对空气说话！毋庸置疑，每个人在说话的时候都希望得到他人的用心倾听和积极回应。倘若我们说的话都从听者的左耳朵里进去，又从右耳朵里出来，那么还有什么意义呢？为了证实我们的确是在用心倾听，我们既要适度保持沉默，也要适时给予说话者回应，这样才能让说话者更加兴致盎然。从本质上来说，交流的过程就是至少双方的互动，除了自言自语以外，每个倾诉者都需要得到他人的认可，才能得到心理上的满足，也才有兴致继续说下去。因而，我们作为倾听者必须学会回应。那么，如何才能把握回应的最佳时机呢？这就要求我们要认真倾听说话者的意思，同时为了洞察说话者的内心变化，还可以用眼神与说话者进行交流，从而观察到说话者的内心状态。有的时候，说话者兴之所至，贸然插话显然不合时宜，我们可以以微笑或者点头表示回应。用语言进行回应时还需要注意，语言一定要简明扼要，尽量起到画龙点睛的作用，而不要拖沓冗长，以避免惹人厌烦。

自从三十而立之后，相亲就成了小薇的家常便饭。尽管小薇自己很不喜欢相亲，但是无奈妈妈心急如焚，总是隔三差五地安排小薇相亲。渐渐地，小薇在数次相亲中岁数渐长，现在已经32岁了，原本胸有成竹的她，现在也不由得着急起来。归根结底，小薇的年纪已经不小了，她也想把自己顺利嫁出去，但是无奈每次相亲都没有结果。

原来，小薇是一个非常内向的女孩，也不太善于交流。面对相亲对象，有的时候遇到同她一样不爱说话的，两人就是相对无言。偶尔遇到一个比较健谈的，看到小薇默不作声的样子，对于他的话毫无回应，最终也就兴致索然了。如此一来，小薇每次相亲的结果都是无疾而终，直到35岁，小薇也没有找到合适的男朋友。

对于大多数大龄青年男女而言，相亲无疑是让人尴尬的事情。原本陌生的男人和女人就这样坐在一起，而且是以恋爱和结婚为目的，难免会使那些本就容易害羞的人更加羞涩，也会使得不善言谈的人更沉默。事例中的小薇之所以无法相亲成功，就是因为她在相亲的过程中从来不给予对方回应，这样难免会让对方误以为自己的交谈无法引起她的兴致，或者觉得她对自己根本没有好感，因而火速撤退，也不再进行下一步的约会和交往。不得不说，这都是沉默寡言惹的祸。其实，一个人沉默没关系，恰到好处的沉默恰恰能够证明我们对他人认真倾听。但是倘若一直这样沉默下去，就会导致对方因为得不到回应而最终对我们产生误解。由此一来，结果自然很严重，也不可能让我们如愿以偿。

朋友们，凡事过犹不及，包括交谈中的健谈和沉默也是如此。我们只有察言观色，及时洞察对方内心，才能恰到好处地对对方的倾诉作出回应。恰到好处的回应就像是一颗火种，能够使对方谈兴更浓，也能够帮助我们加深和增进彼此间的感情，使得交往和沟通更加和谐融洽，从而变得水到渠成。

他的醉翁之意，你须仔细聆听方能捕获

所谓锣鼓听声，听话听音。中国汉字博大精深，往往能够表达出比字面更深刻的意思，因而我们在与他人交流时，一定要用心倾听，才能听出他人的话外之音，也才能更加了解“醉翁之意”的深层意思。假如我们误解了他人的意思，接下来的交往也会因此而偏离正确的方向，导致误解越来越加深。倘若是善意的误解还好，倘若是恶意的误解，只会使人们彼此间的关系紧张，甚至剑拔弩张，根本无法和平友好地相处和交往。

现实生活中，我们经常需要面对和应对不同的情况。很多时候，我们并不能无所顾忌地畅所欲言，而是要照顾到他人的颜面，因而有些话是不能明确表达出来的。在这种情况下，我们可以选择委婉含蓄地表达自己的想法，不过倘若对方愚钝，也许就无法准确理解我们的意思。当我们作为听众的时候，道理也是相同的。我们必须多多留意他人的每一句话，以及每一句话中不同的指向和意思，才能洞察他人的内心，也才能使交

往更加顺利。很多人之所以能够在社交场合如鱼得水，游刃有余，就是因为他们能够准确把握他人的弦外之音，从而对他人的内心洞若观火，从无遗漏和疏忽。

当然，听出他人的言外之意并非是件容易的事情，除了要加深对他人的理解之外，我们也要努力拓展自身的知识。很多时候，人们的弦外之音都是通过隐晦的修辞手法或者成语典故来暗指，倘若我们知识浅薄，只怕对于很多弦外之音都将听若未闻。此外，我们也应该丰富自己的情感体验，这样才能设身处地地为他人着想，也才能更加了解他人的心思。总而言之，只要我们处处留心，就一定能够开动脑筋，把握住各种各样的机会，深入了解他人的内心世界，为我们与他人的交往打下坚实的基础。

春秋末期，齐国的国君齐景公特别喜欢捉鸟儿玩，还经常把捉住的鸟儿养起来，闲来无事时就拿出来玩耍。为了更好地照顾小鸟儿们，齐景公专门安排烛邹负责捉鸟，也负责照顾和喂养小鸟。

有一次，齐景公捉住了一只与众不同的小鸟。这只小鸟羽毛艳丽，毛色光滑，特别美丽。他小心翼翼地把鸟儿交给烛邹，不想烛邹一不小心，居然让小鸟逃走了。齐景公知道此事后，扬言要以玩忽职守罪处死烛邹。得知消息后，相国晏子对齐景公说："烛邹弄丢了大王最心爱的小鸟，罪不可恕，我可以列举他的罪状，然后大王再下令处死他，必然名正言顺。"

齐景公示意晏子，晏子才开始数落烛邹的罪状："第一条大王专门安排你负责照顾和看护小鸟，你却玩忽职守，罪该万死；第二条，因为你的缘故害得大王失去小鸟，一气之下下令处死你，这样一来你就毁了大王的一世英名，世人必然说大王滥杀无辜；第三条，倘若诸侯们得知此事，定然会责怪大王把人命看得不如鸟命，如此一来，必然人心涣散，也会导致大王在诸侯面前威望全无。你说，难道不该把你处死吗？”

说完，晏子对齐景公说：“大王，烛邹简直罪不可恕，您赶快下令处死他吧！”此时，齐景公已经听出了晏子的话外之音，因而赶紧改变主意：“寡人刚才太生气了，多谢爱卿警示，寡人不杀烛邹了。”

在这个事例中，晏子看似是在数落烛邹的罪责，实际上却是在警示大王：一旦杀了烛邹，必然导致他威望全无，也会白白失去一个臣子。幸好齐景公听出了晏子的话外之音，因而赶紧改变主意，没有一错再错。

朋友们，生活和工作中的情形比较复杂，有很多人都会在各种情形下不得不采取意在言外的方式表达自己的内心。在这种情况下，要想准确洞察他人心理，我们一定要提高自身的理解能力，尽量让自己变得更加敏感，这样才能领悟他人话中隐含的意思，从而一点即通。

旁观者清，你应站在客观的角度倾听

不管是在生活中还是在工作中，每个人每天都要经历形形色色的事情，也要与各种各样的人打交道。细细想来，我们在看待这些人和事的时候难免会犯主观武断的错误，从而导致自己无法更好地与他人相处。实际上，倘若我们能够在倾听他人说话时跳脱出来，摆脱主观因素的影响，更加客观公正地倾听，也许就能改变自己的思路，使得事情柳暗花明，让心中的天地也豁然开朗。

毋庸置疑，每个人都会本能地从主观的角度出发去看待问题，也发表自己带有主观色彩的意见，从而给他人带来一定的引导。作为倾诉者，我们把这种引导带给了他人；作为倾听者，我们也在不知不觉中接受他人这样的引导。实际上，并非人人都愿意把自己内心深处的所思所想暴露在他人的眼前，那么不如就摒弃主观色彩。具体而言，我们在经历某些事情的时候，可以把自己定位于旁观者的角色，这样就能够保持平静和理智，从而尽量客观地看待问题。其次，我们还可以谨言慎行，三思而行。在过红绿灯的时候，人人都知道宁停三分不抢一秒的道理，其实说话也是如此。倘若我们总是迫不及待地张口就来，则很容易就会失去思考和判断的能力，导致自己受到本能的驱动。我们唯有保持情绪的平稳，而且表述的时候尽量使用那些不具有感情色彩的中性词语，才能给予他人更多的客观意见。

作为海伦的闺密，玛丽自然是坚定不移地站在海伦的身边，不管遇到什么事情，她都作为海伦的支持者和拥护者出现。前段时间，海伦和老公赵凯吵架了，因而冲动地跑来找玛丽倾诉，还在一气之下说了很多关于赵凯的坏话。为此，玛丽也顺着海伦的意思，把赵凯狠狠地骂了一通，还说了一些自己不喜欢赵凯之类的话。

不想，夫妻之间床头吵架床尾和。才刚刚一天，海伦就跟着前来接她的赵凯回家了，两口子再次甜蜜幸福。这时，海伦想起玛丽说赵凯的那些坏话，不由得一时冲动，居然全都告诉了赵凯。对于海伦和自己生气时的言行，赵凯当然毫不介意，毕竟天底下没有不吵架的夫妻，但是对于玛丽落井下石的那些话，赵凯却耿耿于怀，对玛丽的印象也越来越差。

有一天，正值海伦的生日，玛丽也到场了，和很多朋友一起为海伦庆祝生日。借着酒过三巡的糊涂劲头，赵凯趁着海伦不注意，对玛丽说："玛丽，你也真是咸吃萝卜淡操心，没把我和海伦搅和得离婚，你是不是很遗憾啊！你心里大概也盼着海伦和你一样成为离了婚的单身女人吧？我告诉你，以后你还是离海伦远一点儿，这样我们夫妻生活才能更幸福。"赵凯的这番话让玛丽很惊讶，她不知道自己如何得罪了赵凯，直到很久以后她才意识到自己当初不应该仅仅听信海伦的一面之词，就说赵凯的坏话。如今人家夫妻还是夫妻，她与海伦却无法继续当无话不谈的闺密了。

在这个事例中，玛丽的做法完全符合骨灰级闺蜜的特点，一旦闺密感到伤心生气，马上就不分青红皂白狠狠地骂那个惹闺密生气的人。殊不知，闺密吵架的对象是自己的老公，夫妻关系哪有那么容易就恩断义绝的呢？大多数夫妻都是吵架之后很快和好，而玛丽的言行恰恰给了赵凯很大的压力。由此一来，赵凯岂能喜欢玛丽呢？丈夫和闺蜜之间，海伦一定会选择维护家庭，玛丽也就因此失去了一个好朋友，自己却只能哑巴吃黄连——有苦说不出。

不管听谁倾诉，我们都不能偏信对方的一面之词。所谓兼听则明，偏信则暗，我们只有从事情之中跳脱出来，尽量摆脱主观因素的困扰，才能尽量客观公正地待人处事，也不至于因为过于主观导致事与愿违。

拒绝一言堂，才能真正明辨是非

古代的君王尽管有很多谋臣策士，但是实际上还是以一言堂为主治理国家。在那特殊的历史背景下，君王的确需要树立自身的威信，才能震慑八方。与此恰恰相反，现代社会讲究的是民主与法制，即便是国家领导人，也需要与诸多同仁一起商讨治国的大策，更何况是我们这些名不见经传的普通百姓呢！

所谓三个臭皮匠，抵过诸葛亮。诸葛亮是神机妙算的人，也无法超越三个臭皮匠的智慧，我们作为智力平平的寻常之人，要想提高自身的智力和能力，是更应该多多听从他人的意见，有则改之，无则加勉，从而最大限度地提高自身的能力。总而言之，一言堂绝对要不得。如今的很多家庭都主张民主，为了培养孩子的民主意识，即使孩子很小，在遇到重大事情时也会让孩子们参与投票，发表意见，不得不说这是非常开明的教育方法，对于孩子未来的人生将会有莫大的好处。作为父母，我们更应该反思自身，倘若曾经因为孩子尚小就对孩子的意见不以为然，那么现在就要马上改进，尽量给予孩子更多的空间，让孩子自主发展，主动表达观点。

古人云，兼听则明，偏信则暗。这句话的意思是告诉我们，一定要多多听取他人的正确意见，这样才能做到明智。否则，如果我们总是听一家之言，或者对于他人的观点丝毫不放在心上，那么也就很难作出明智的选择。这是因为，每个人对于事情的看法都是从不同角度出发的，每个人也都难免带有自身的主观因素和局限性。在这种情况下，假如我们能够综合各家所长，就能做到尽量客观公正，也避免了偏颇。当然，要想得到别人中肯的意见，我们在向别人求教的时候一定要非常谦逊。在考虑利弊的时候，一定要理智分析，综合考量，才能做出最合理的规划和选择。总而言之，不管遇到什么事情，只要我们不随波逐流，多听取他人的意见总是没错的。这样也能帮助我们避免盲点的出现，同时帮助我们尽量开拓思路和视野，以便做出明智的决断。

近来，刚刚大学毕业走上工作岗位的汪洋想为自己购置一台电脑。然而他对电脑一窍不通，什么都不懂，他准备买一个台式机，还在一个同事的建议下相中了一台大内存的台式机。原来，那个同事特别喜欢玩游戏，尤其是大型网络游戏，所以他在给汪洋推荐电脑时，也就从自身的需求出发，将其作为汪洋的需求了。然而，大内存的台式机非常昂贵，要五六千块钱呢！在正式购买之前，汪洋觉得有些忐忑，决定再听听另外几个朋友的意见。

一个朋友听说汪洋的初步决定之后，马上表示否定，说："你又不喜欢打游戏，何必要买那么大内存的机器！我觉得你买一台三四千块钱的台式机就足够用了，满足日常所需绝对没问题。"买三四千的机器，会不会用着用着觉得内存太小了呢？这时，汪洋决定问问大学时期就很精通电脑的李杜，李杜说："既然你是做销售的，经常需要出差，就别买台式机了，还是买台笔记本电脑吧，这样随身携带也方便。你想想，你一个月有二十天都在外面跑，买个台式机摆在家里干吗呢！至于内存，你可以先买个普通的内存，如果有需要，可以增容，这不就没有后顾之忧了么！"李杜的建议让汪洋觉得眼前一亮，的确，李杜说得非常有道理。最终，汪洋在李杜的推荐下购买了一个笔记本电脑，果然利用率很高。

假如汪洋在听取同事的意见之后就直接买了大内存的台式机，则一定会非常后悔。毕竟五六千块钱的机器要花费好几个月的积蓄呢！要是只能当摆设，岂不是太亏了！幸好，他咨询了好几个朋友，最终才得出了最佳的合理方案。

朋友们，我们在生活和工作中都会遇到难以抉择的问题。每当这时，千万不要盲目自信，多听听他人的意见，尤其是那些好朋友的意见，显然是有好处的。否则，一旦仓促地作了错误的决定，就会导致事情没有回旋的余地，给自己造成不必要的损失。任何事情要想止损，都应当提前作好谋划，防患于未然，才是最好的办法。

给耳朵装个过滤器，抓住重点是关键

对于交流，每个人都有自己的方法和技巧。如果把别人的那一套照搬过来，也许就是“橘生于淮南则为橘，生于淮北则为枳”，马上变了模样，效果就也不复存在。由此看来，我们还是要摸索出一套自己的方法，才能效率倍增，也使我们与他人的交流更加顺畅。

会听话的人，总是一下子就能抓住重点，从别人诸多的语言中整理出逻辑顺序，找到自己想要的信息。这些人的耳朵就像安装了过滤器一样，总是能够自动过滤，自动合成。还有些人，听话总是没有重点，即便对于他人强调几遍的重点，也听若未闻，更别说是别人语无伦次的表达了。由此可见，要想提高倾听的效率，给耳朵装个过滤器才是关键，这样才能事半功倍。

作为公司里的实习生，莹莹和其他几个实习生有可能面临最终被淘汰的命运，因为公司人力资源部早就下达通知：十个实习生中只能留下两人。为此，每个实习生都非常努力勤奋，恨不得马上就在工作上有出色表现，毕竟这家公司是行业内的翘楚，能够留下来一定是人人艳羡的，前途也将不可限量。

每周，主管都会给实习生开会，总结他们一周以来的所得和不足。对于这样的会议，莹莹总是非常用心，因为她觉得能够得到前辈的指点是一种幸运，更是不可错过的千载难逢的好机会。每次开会，尽管主管有的时候说是例会，无须做笔记，莹莹也还是拿着笔记本和笔，正襟危坐，遇到认为应该重点对待和解决的问题，她就马上运笔如飞，记录下来，会后再细细琢磨。两个月的时间过去了，当其他实习生还很懵懂时，莹莹在工作上早已有了巨大的进步。她看起来不再像是一个实习生，而是一个进步神速的员工，早已把每项工作都熟记于心，而且她还像海绵吸水一样孜孜不倦地吸收知识。等到实习的三个月期满时，主管给了莹莹满分的成绩，莹莹也理所当然地留在了公司。

在这个事例中，莹莹之所以能够得到主管的看重和赏识，就是因为她的耳朵上安装着“过滤器”，即使对于主管所说的无须做笔记的例会，她也能拎出重点，找到为自己所用的教诲和指点，从而实现飞速进步。倘若其他实习生也能早点儿发现莹莹的优点，并且积极向莹莹学习，那么留下来的胜算和把握也就会更大。遗憾的是，他们尚且没有意识到这个问题的重要性，实习就已经结束了。

一个人要想有长足的进步，就要博采众家之长。这就像是金庸笔下的武侠高手一样，他们原本也都是名不见经传的小角色，因为不断向他人学习，持续进步，勤学苦练，最终才功盖天下。现代社会，尤其是在职场上，要想让自己出类拔萃，我们同样需要坚持这个原则，才能最终如愿以偿。

第07章

巧解尴尬——及时化解避免矛盾升级

每个人都需要与他人进行交流，在交流的过程中，难免会出现他人或者有心或者无意导致的各种尴尬情况。和身体上的伤害相比，语言伤害往往使人们更加难堪和无以应对，在这种情况下，我们必须学会使用巧妙的语言来随机应变，才能及时消除尴尬，化解误会，也使得人际交往之间的冰雪瞬间消融。

难以入耳之语，就当作不曾入耳

没有人愿意承认自己耳朵聋，但是很多时候为了避免尴尬，我们必须学会装聋作哑。尤其是当我们在生活中和职场上遭到他人恶意攻击却又无力还击的情况下，不如先暂且装作高姿态，这样虽败犹荣。除此之外，对于他人的恶意攻击，我们还可以采取转移注意力的方式。要知道，人心叵测，尤其是在关系复杂多变的职场，人与人之间的利益纠葛是非常深的，所谓牵一发而动全身，大多数攻击我们的人一定是有备而来。在这种情况下，我们应转移自己的注意力，避免掉入对方的陷阱，从而保持情绪的平静和理智，这样对方费尽心力酝酿的情绪就会无处发泄。这就像是把拳头打在海绵上，对方的力气被你尽数吸收，你却从不招架还手，对方也只能偃旗息鼓。需要注意的是，尽管我们是装聋作哑，但是并不意味着我们在气势和气度上要输给对方。在此过程中，我们应该时刻保持微笑，要知道，任何交流都应该是双向的，必须有互动才能称其为交流。对于他人的恶言恶语，我们可以装作没听见，但是回应微笑必不可少。当看到我们脸上平静淡然的微笑时，也许对方会幡然悔悟；即便对方气焰嚣张，也会因为我们对其不以为然而沮丧泄气。以不变应万变，往往能够赢得人际交往的第一回合。

一家美国公司要与日本公司进行谈判，针对双方合作事宜进行磋商。原本，这家美国公司作足了准备，不但做了精美的演示文稿，还做出了效果非同凡响的动漫演示图。当时，美国公司的负责人一心一意想要一招致胜，给日本公司一个下马威。

在美国公司进行充分准备之后，终于到了双方短兵相接的时刻。美国公司负责人在与日本公司代表一番寒暄之后，就开始让之前准备的演示文稿、动漫效果图等轮番上阵，他则气定神闲地坐在那里，等着看日本公司代表大为惊讶的模样。不想，日本公司代表始终面色平淡，毫无惊讶的表现。直到一个小时之后各种演示都进行完毕，他们依然面不改色地坐在那里，似乎从未发生过任何事情一样。美国公司负责人终于忍不住，问日本公司代表："各位觉得我们的产品如何？"这时，日本公司负责人说："不好意思，我们没看明白，请问您能重新对照产品给我们演示和讲解一遍吗？"就是这句看似平淡无奇的话，让美国公司负责人的嚣张气焰顿时被打压下去，他甚至如同一只斗败了的公鸡一样，毫无斗志，信心全无。最终，他不得不找来工程部的技术人员把产品重新介绍一遍，由此，他的优势也尽数失去，日本公司代表在"装聋作哑"之中，变输为赢，占据优势。

在这个事例中，美国公司代表原本以为自己很有优势，因而在与日本公司代表简单寒暄后就开始轮番轰炸。倘若日本公司代表表现出惊讶的模样，则恰恰中了美国公司代表的陷阱，美国公司代表也可借势表现自己的实力和优势。但是日本公司代表偏偏就像是一门哑炮一样，对于他们的各种优势完全视而不见，最终导致他们优势全无，而且沮丧万分。

朋友们，我们在生活和工作中也一定会遇到不想面对的局面，也会有不愿意听到的话。在这种情况下，不如“装聋作哑”，以不变应万变，也许会有意外的惊喜哦！

巧用四两之力，拨开千斤话题

面对他人恶意的言语攻击，我们与其和他们纠缠不休，不如四两拨千斤，巧妙打偏他们的话题，使得他们有劲无处使，从而让他们劲道全无。很多时候，与其解释，不如坦然面对，因为在别有用心的人那里，解释或许就是狡辩。还有一种方法，就是以子之矛，攻子之盾，这样才能让对方哑巴吃黄连——有苦说不出，也能彻底征服对方。让对方不再居心叵测地继续攻击我们。这两种方法都是面对他人恶言攻击的有效方法。倘若因为事发紧急，一时之间想不出恰到好处的办法，也可以直截了当采取反问句的方式，把难题再踢给对方，从而让对方拿着烫手山芋不知如何是好。这种方法不可谓不巧妙，也是最直截了当、立竿见影的应对方法。总而言之，面对他人的恶意挑衅，我们应该学会借力打力，以四两拨千斤，这样才能避免自己劳神费力，最终却无法圆满解决问题的局面出现。

很久以前，有个秀才仗着自己认识几个字，能写几篇文章，就趾高气昂，欺压乡里，从来不把乡亲们看在眼里。有一次，秀才正在舞文弄墨，欺负不识字的乡亲们，恰巧有个和尚路过，把秀才狠狠地教训了一通：“你这个穷酸秀才，只不过仗着识文断字，就想要骑在乡亲们头上作威作福，你怎么这么厚脸皮呢！幸亏你只是个秀才，你要是个状元，岂不是连当今皇帝也不放在眼里了！我劝你还是夹着尾巴做人，小心得意忘形，祸从天降！”秀才被和尚说得面红耳赤，从此对和尚怀恨在心，一直都想找机会好好羞辱和尚一番。

有一天，秀才和几个朋友一起去山上游玩，正巧在狭窄的山路上与和尚狭路相逢。秀才仗着自己人多势众，决计要好好羞辱和尚一番，因而迎面走过去对和尚说：“大师，我才疏学浅，敢问秃驴的‘秃’字怎么写呢？我想，你一定对这个字熟记于心吧！”和尚知道秀才居心叵测，因而淡定自若地说：“施主，这个字其实你也应该非常熟悉啊，我不相信你不会写这个字呢！你看，你只要把秀才的‘秀’字，屁股扭过来，再往天上撅一撅，岂不就对了么！秀才撅屁股，这下你可记住啦？”秀才听了和尚巧妙的回答，不由得火冒三丈，但又因是自取其辱，所以根本无法辩驳。

在这个事例中，和尚路见不平拔刀相助，制止秀才欺负不识字的乡亲们，不承想与秀才结下矛盾。为此，才有了山上秀才故意刁难和尚的一幕。不过秀才当真是自取其辱，他非但没有羞辱得了和尚，反而被和尚说成是秀才撅屁股，更加丢人，颜面尽失。

生活中，我们每个人都会遇到不怀好意、居心叵测的人。

当我们被他人抓住小辫子肆意攻击时，与其为自己辩解，不如顺势而下，接受和认可事实，然后再把攻击巧妙地转移到对方身上，使得对方虽然受到伤害，却因为这场纷争最早是由他发起的，因而无计可施，有口难言。

及时移花接木，转移引起冲突的话题

现代社会，人际关系被提升到前所未有的高度，所谓多个敌人多堵墙，多个朋友多条路。为了让人生的道路越走越宽，我们理应多多结交朋友，而尽量少树立敌人。在这种情况下，倘若遇到他人的恶意挑衅，不如巧妙地转移话题，从而减少冲突。当然，我们虽应秉持友好之心，却不能怯懦。如果别人都骑到我们头顶上了，我们还一味地忍辱负重，苟延残喘，这就不再是友好，而是无能。我们必须区分友好与无能之间的关系，让自己成为一个真正顶天立地的人。出于这个方面的考虑，在回避与他人之间的矛盾时，我们不能低头，而应该采取偷梁换柱的方法，在对方不知不觉中转移话题，这样才能既保全自身的颜面，又减少冲突，正所谓一举两得。与此相对地，倘若我们纠缠话题与对方不停地辩论，则只会让自己更难堪，也会于无形中得罪他人，给自己树敌。

今天，杨慧穿了一件新买的衣服去单位，这是一件枣红色的羊毛呢大衣，看起来质地很好。杨慧刚刚到单位，办公室里的好几个女同事都围上来，你一言我一语，都在夸赞她的大衣好看。这时，张敏突然走进来，冷眼看着杨慧的衣服，说："大衣的确不错，不过你不觉得你穿上之后就像五六十岁的大妈吗？"

张敏平日里在办公室一向特立独行，和谁也相处不来，又因为她的爸爸是主管她们单位的领导，所以大家都给她三分面子，她也就越来越得寸进尺，从来不把任何同事看在眼里。听到张敏这么说，杨慧心中当然不悦，但是她转念一想，穿衣服是给自己看的，自己喜欢就行，何必要求每个人都喜欢呢！为此，她笑着说："哎哟张敏，你的这条项链真漂亮，款式新颖别致，是在哪里买的呀？"听到杨慧赞美自己的项链，张敏也不好继续故意捣乱了，只是敷衍着说："我男朋友去美国出差带回来的，你喜欢的话，下次也给你带一条啊？""那可太谢谢了，我们这些人都没有机会走出国门看一看，看到你这条项链真觉得稀罕和喜欢呢！不过，就怕太贵了我买不起。"杨慧顺势说道，也恭维了张敏。就这样，一个原本令人不愉快的话题被杨慧转移于无形，一上午，张敏都在为自己的项链而沾沾自喜，对杨慧的态度也好了许多。

面对张敏的恶意挑衅，杨慧自我安慰，丝毫没有将其放在心上。她还巧妙地偷梁换柱，转移话题，从而把话题顺利地转移到张敏的身上。张敏见杨慧非但没有与她斤斤计较，反而给予她慷慨的赞美，又如何好意思继续和杨慧叫板呢！所谓人在屋檐下，不得不低头。人在社会上，往往因为各种各样的原因，导致自己无法畅所欲言地发泄心中的情绪。在这种情况下，倘若为了一时的痛快而树立敌人，也许会得不偿失，最聪明的做法就是在无关紧要的情况下，巧妙地转移话题，从而使他人的注意力从我们身上移开。

朋友，你是否也曾遭遇他人的冷言冷语呢？虽然我们要做不畏权势的正直人士，但是我们也要学会能屈能伸，不要因为意气之争而给自己惹下麻烦，这才是明智之举。当面对他人无关紧要的恶意挑衅，不如以偷梁换柱的方式转移话题，这样不但能够保全自己，在以赞美的方式转移他人注意力时，还能博得他人好感，把一个敌人变成朋友，可谓一举数得。

你能滴水不漏，他便无可置疑

人非圣贤，孰能无过。在这个世界上，没有任何人从未犯过错误，做人做事都是如此。比如说话，虽然看起来非常简单，就是两片嘴唇和一条舌头的工作，却也容易漏洞百出。尤其是在说话过快的情况下，往往会造成言多必失的后果。当人们说话太快时，头脑来不及进行理智的思考，必然导致思路跟不上语言的表达，从而使得说错话的概率大大增加。当然，有的时候人们并非无意识地说错话，而是迫于当时的压力，不得不撒一个善意的谎言，从而令自己的话变得更加圆满。也许有的朋友会说，善意的谎言也是谎言，难改其谎言的本质。但是，在这个世界上有谁能够保证自己从未撒过谎呢？曾经有心理学家研究证实，人们几乎每天都在撒谎，有些人每天撒谎的概率甚至高达几十次。倘若真的有人说自己从未撒过谎，那么他一定是每次撒谎都处于无意识的状态，根本就没有意识到自己在撒谎，或者他的这句话本身就是一个谎言。

总而言之，我们每天都在与他人进行交流。面对他人的质疑，我们必须自圆其说，才能让他人的质疑彻底消除。倘若连我们自己都无法说服自己，那么我们又如何成功地说服他人，让他人信服我们呢！

张大爷和张大妈很久没回老家了，这天早晨，在市区居住的他们一大早就乘车回老家，给已经故去的老人上坟。因为与兄弟也很久未曾见面，来往渐渐转淡，所以张大爷和张大妈提前说好不在兄弟家里吃饭，给老人上坟之后就马上去车站折返，也可以在车站附近的小吃店解决吃饭问题。

快到中午的时候，张大爷和张大妈来到兄弟的家里。这时，他们的弟媳妇正准备做饭呢，因而说："大哥大嫂，中午就在家里吃饭哈，我多做一些。"张大爷张大妈赶紧说："不了，不了，我们吃过了。"弟媳妇纳闷地说："别瞎说了，这会儿还没到中午，你们吃的是早饭吧？"这时，张大妈笑着说："我们在镇上的时候，路过我娘家，我弟媳妇给我们俩煮了糖水鸡蛋，真是吃过了才来的。"听到张大妈说得有理有据，弟媳妇也知道张大妈的娘家就在镇上，因而信以为真，不再客套了。

在这个事例中，张大爷张大妈因为很久未回老家，也不想给兄弟添麻烦，所以特意提前统一口径：不在兄弟家里吃饭。然而因为恰逢饭点，弟媳妇当然要客套客套。为了自圆其说，张大妈只好说了一个善意的谎言，自称已经在镇上的娘家里吃了糖水鸡蛋。如此一来，张大爷夫妇的话就合情合理，弟媳妇也就不再客套了。

上述事例中，张大妈的话就是善意的谎言，虽然她的确是撒谎了，但这是为了给兄弟家里减少麻烦。不过，为了使弟媳妇相信自己的话，张大妈不得不又编造了一个谎言，才能自圆其说，让弟媳妇的质疑烟消云散。人在社会上生活，总有一些身不由己的情况发生。任何时候，我们说话都要讲究分寸，给自己留有回旋的空间和余地，这样才能自圆其说，让他人的质疑不攻自破。当然，纸里总归包不住火，谎言很有可能在某一日被戳穿，所以即便是善意的谎言，我们也应该尽量少说，以免导致自己陷入被动之中。至于恶意的谎言就更不能说了，否则必然后患无穷。做人做事，一定要坦坦荡荡，才能无愧于天地，无愧于自己。这一点，每个人都应该牢牢记住。

主动认错，永远比与人争辩受益多

在气愤的情况下，人们很容易被愤怒冲昏头脑导致智商下降，情商则几乎变成零。在极度的愤怒中，人们更是口不择言，什么话能够刺伤他人，就把什么话往外说，几乎是不假思索。可想而知，当交流的双方都顶着怒气让犀利的话如同机关枪的子弹一样“砰砰”地射出来时，彼此之间的伤害将是多么地刻骨铭心啊！这种刻骨铭心让人记住的不是感恩和情分，而是抱怨和仇恨。其实，认错真的就有那么难吗？很多事情，对错并没有那么明显，与其针对对错与他人不停地争执，伤害感情，还不如坦然承认错误，这样反而更容易得到对方的谅解，也给自己一个机会来弥补错误。

在这个世界上，没有人从来不犯错误。既然连神仙都难免犯错，我们为何不能勇于承担因为自身错误而造成的损失呢！无数的推托之辞，只会让人觉得我们在推卸责任；越是极力解释，反而越是容易惹恼对方，使得对方在暴怒之下更加不依不饶。从这个角度来说，勇于承认错误和勇敢承担责任的人，反而容易得到他人的理解和体谅。

小娟自从中专毕业后，一直没有找到合适的工作，好不容易才应聘进入一家商场当销售员，主要负责销售衣服。这天中午，小娟趁着人少正在整理货架上的衣服，突然有一位顾客拿着一件衣服走进来，怒气冲冲地说：“看看，这就是你们昨天中午卖给我的衣服，口袋里居然有一张购物小票。你们就是这样拿别人穿过的衣服以次充好，以旧当新，来欺骗顾客的吗？”小娟莫名其妙地遭遇顾客一顿抢白，不由得委屈万分。经过检查，她发现这衣服的确是她们店里昨天卖出去的，因而她耐心地向顾客解释：“实在对不起您，我保证这肯定不是穿过的衣服，也许是哪位顾客在试穿的时候随手放进去的。”顾客听到小娟的解释，更加生气了，说：“说不定就是你拿了店里的衣服穿，放进去的呢！你还挺会狡辩的！”小娟的眼泪涌了出来，恨不得马上证实自己的清白，磕磕巴巴地说：“您……您……您怎么能这么说呢！”“就你这解决问题的态度，你还想让我怎么对你呢！”顾客简直火冒三丈。

这时，店里的主管从外面吃午饭回来，马上安抚顾客：“实在对不起，这是我们的疏忽，给您添麻烦了。您看这样好不好，我马上给您从仓库里调取一件全新的衣服。您一定是从单位过来的吧？您来回打车的钱我们给您报销，如何？”看到主管的态度这么友善，也是非常积极地解决问题，顾客的情绪才稍微平静些，说：“看你说话还算中听，刚才那个小姑娘可真是睁着眼睛说瞎话。报销车费就算了，我也不是来刁难你们的，你就给我换一件全新的吧！”就这样，主管轻而易举地就解决了问题，看着一旁委屈得直哭的小娟，主管说：“你呀，还是缺乏经验。顾客就是上帝，难道你不知道吗？对待上帝，怎么能一张嘴就数上帝的不是呢！我们必须承担责任，顾客看到我们的态度，才能心平气和地与我们交涉啊！”主管的一席话让小娟茅塞顿开，再次遇到这样的问题时，她也就知道如何解决了。

小娟对于顾客的质疑，先是急着撇清自身的责任，所以才会惹得顾客火冒三丈。主管的态度则恰恰相反，不管因为什么问题，既然顾客找上门来交涉售后问题，主管便首先把责任承担下来，表现出自己解决问题的诚意和态度，从而帮助顾客平复情绪，最终才得到了顾客的谅解和宽容，也使得问题迎刃而解。

在服务行业里，类似于事例中的售后工作几乎每日可见。我们想得到顾客的理解和体谅，首先应该表明我们的态度。承认错误，承担责任，恰恰能够向顾客表明我们的真诚，这可比当着顾客的面解释，最终被误以为是在狡辩效果好得多。当然，在使用此类技巧进行棘手问题的沟通时，还要注意态度一定要谦逊有礼。所谓伸手不打笑脸人，我们唯有保持谦和低调、有礼貌，才能帮助他人恢复情绪，保持理智，也采取平和的态度积极处理问题。

大智若愚，让对方占点儿口舌便宜

自从郑板桥说了“难得糊涂”，难得糊涂就变成了一句箴言，时常被人们挂在嘴边。然而口号喊得再怎么响亮，倘若做不到，也只是徒劳。纵观现代社会，人心被越来越多的物欲、贪欲所充斥和霸占，还有几个人能够真正做到难得糊涂呢！生活中的很多人哪怕口舌上占下风尚且不依不饶，毫不情愿，更别说是切实吃亏了。实际上，口舌之争是否占据上风，对于我们的生活根本不会有太大的影响。既然我们都不愿意吃实实在在的亏，那么不如让心胸开阔一些，口舌上吃点儿亏根本无关紧要。

现代社会，有很多人都是火爆脾气，人们似乎越来越不淡定了。在网络新闻上，时不时就会看到某人与某人因为口舌之争，最终导致舞刀弄棒，甚至闹出了人命官司，两个人生顷刻间毁灭。记得曾经看过一则新闻，说的是农村的两家人原本是邻居，就因为一言不合，先是做父亲的彼此间大打出手，后来又是彼此的儿子带人大打出手，最终一个人的儿子死了，另一个人的儿子被宣判死刑。不得不说，这是两个家庭的悲剧。何必人人都争着当火药桶呢？在与他人发生争执的时候，倘若我们能大智若愚，让对方占一些口舌上的便宜，我们自己则糊涂一些，自甘居下，也许很多悲惨的事情就能够免于发生。

周末的傍晚，一个母亲推着几个月大的婴儿去超市买东西。出来的时候，天色已经黑了，这位母亲推着婴儿推车，还要拿东西，所以走得很慢。当她走到路口的时候，突然听到身后传来急躁的喇叭声，一声更比一声紧。这位母亲原本可以让路，却因为气愤不愿意让路，她暗暗想道：难道眼睛看不见吗，我推着孩子呢，还这么大声地按喇叭。

正在这位母亲愤愤不平地想时，她身后的车子停了下来，走下来一个醉醺醺的男人。男人喊道："喂，你耳朵聋了，听不到我在按喇叭吗？"这位母亲此刻依然觉得自己占理，因而毫不客气地说："难道你看不见吗，我推着婴儿车呢，怎么走得快？"就这样，他们你一言我一语地吵了起来，这位母亲丝毫不甘示弱。正当争吵激烈时，让这位母亲万万想不到的是，那个男人因为无处泄愤，居然抱起婴儿车里的孩子，狠狠地摔到了地上。此时此刻，这个母亲的世界坍塌了，即便争辩赢了又如何呢？

近几年，不断有摔婴的事件发生，而且都是起源于原本陌生的人们之间的争执，最终牵连到无辜的婴儿。如果那些带着孩子的母亲能够放低姿态，为了婴儿着想宁愿忍气吞声，息事宁人，也许这一幕幕悲剧就不会发生。然而，偏偏每个人的火气都如此之大，都恨不得自己能够成为争辩的绝对胜利者，所以悲剧才会几次三番地重演。当孩子的生命离我们远去时，就算判处那个刽子手一千次一万次死刑，又如何呢？到底是你的道理更重要，还是孩子的生命更重要？

不得不说，现代社会因为压力倍增，暴戾之人越来越多。越是在这样的情况下，我们越应该谨言慎行，千万不要为了图一时的口舌之快，最终酿成大祸。生命，是比一切都更高贵的存在，我们也只有尊重生命，才能难得糊涂，享受生命的宁静与美好。

第08章

活用修辞——巧思妙语让你舌灿莲花

现代社会，张口要说什么话？走遍中国，当然要说普通话。不过，现在光会说“普通话”也是不够的，要想在人前人后张得开嘴，拿得出手，还需要我们学会巧用修辞技巧，这样才能在关键时刻语不惊人死不休。很多时候，纯粹的“普通话”并不能表达我们复杂含蓄的感情，我们还可以夹杂一些带有感情色彩或者在样式上更新颖的语言，这样才能起到调味的作用，让我们的话听起来不那么寡淡无味，而是或者浓烈，或者潇洒，或者从容，或者柔美。总而言之，润色之后的“普通话”会变得更加吸引人，也能帮助人们收到更好的交流效果。

想让表达更生动，不妨试试比喻

生活中的很多时候，人们都感情充沛，情绪浓烈，在这种情况下只用平淡无奇的话来表达显然不够，我们还要学会使用比喻的修辞手法，使得表达更加形象、贴切，也能更加打动人心。恰到好处的比喻，总是如同一把钥匙，瞬间就能打开他人的心扉，使他人心花怒放，不但说的人为自己与众不同的表达得意洋洋，听的人也心中妥帖，可谓一举两得。尤其是对于初入社会的年轻人而言，难免说话直愣愣地，很容易得罪他人。倘若能够以比喻作为语言的修饰，则一定会使语言更生动，也更加柔软贴合，更入他人的法耳。

最近这段时间，小米很害怕继父，因为继父总是板着脸，这让小小年纪的她心有余悸。一个周日的下午，妈妈单位临时有事去加班了，家里只有继父和小米两个人。小米躲在自己的房间里不肯出来，这时继父敲门喊她："小米，天气很好，咱们下楼去打羽毛球吧！"小米不吭声，继父有些担心，因而继续喊道："小米，你睡着了吗？还是身体不舒服啊？"小米瓮声瓮气地说："我不想和你玩，你就像大老虎一样，让人害怕。"继父笑了，猜到小米也许因为刚开始和他接触，因而很害怕他，所以马上改变语气，说："喵呜——喵呜——小米，我不是大老虎，你妈妈才是大老虎呢！我是小猫咪。大老虎上班之前叮嘱小猫咪，让小猫咪带着你出去晒太阳补钙，还要进行体育锻炼。如果你不配合小猫咪，也许大老虎回家之后就会生小猫咪的气哦，要是不给小猫咪饭吃，那可就糟糕了。”继父生动的话让小米不由得笑起来，她马上想到小猫咪没有饭吃那可怜兮兮的样子，于是打开房间的门，说：“既然这样，为了小猫咪有饭吃，我就配合你一次吧！”说完，小米马上换好运动服，高高兴兴地和继父一起去楼下打羽毛球了。

在这个事例中，小米年纪还不够大，因而对生疏的继父感到陌生且害怕。为了帮助小米更好地接受新生活，继父只能以比喻的方式，告诉小米他不是大老虎而是小猫咪，也暗示小米他和小米一样都要听妈妈的话。由此一来，他顺利地打开了小米的心扉，也得到了小米的亲近和认可，从而使得父女关系得到进一步发展。

任何时候，生硬的语言都会使人们之间的心理距离更加明显，唯有采取各种修辞方法使得语言更加生动，才能有效拉近人们的心，使他们更加亲近和友善。比喻，就是一种非常好的修辞手法，恰到好处的比喻能够让人们的语言更加生动活泼，也能够使人们得到最佳的体验。不过，需要注意的是，要想让比喻的效果事半功倍，一定不要故意夸大其词，比喻应该符合实际情况，而且要抓住恰到好处的时机说出来，如此才能更加打动人心。作为有心人，倘若你还能够在比喻中暗含赞美的意思，那么这样的比喻句一定会更加受人欢迎，也会得到人们的认可和接纳。总而言之，交流应该用心，这样才能提高沟通的效率，使沟通更加顺畅。

象征的手法，让你的言语余音绕梁

在人际交往的过程中，语言沟通作为人际交流的媒介，是必不可少的。然而，生活和工作中偏偏有些情况，使人们无法明确表达自己的意思，否则就会涉嫌曲意逢迎，拍马溜须。在这种情况下，如何才能不动声色地赞美他人，让他人领悟我们的好心和善意，又不至于误解我们呢？最好的办法就是象征。所谓象征，从修辞角度来说，就是根据事物之间的特定联系，借助一些具体生动且与事物之间有着千丝万缕联系的形象，也就是象征体，来恰到好处、委婉含蓄地表现某种抽象的情感和思想等。在一篇文章中，假如我们能够运用好象征的手法，则可以使文章显得立意高远，含蓄隽永。在说话的过程中，运用象征的手段，也可以含蓄地表现出某种强烈的感情，给他人留下难以磨灭的印象。和直白的语言相比，象征显然更富有韵味和意境，因而也就更加耐人寻味，引人深思。

再过几天，就是姥姥的六十大寿了。小雅的爸爸妈妈和舅舅舅妈一直都在用心地准备礼物，想给姥姥一个惊喜。小雅已经十二岁了，是姥姥一手带大的，因而也想给姥姥准备一份特殊的礼物。思来想去，已经读六年级的小雅决定运用象征的手法，写一首小诗，在姥姥的六十大寿上朗诵。

小雅没有告诉任何人自己的想法，而是一直默默地准备着，她还参考了很多类似的诗篇，因而才有了如下作品：“姥姥，您就像是遮天蔽日的大榕树，枝繁叶茂、根深蒂固，始终荫蔽着我们子孙后代；姥姥，您也像是如日中天的太阳，老当益壮、夕阳燃烧，依然为这个家释放着光和热……姥姥，您是大地母亲胸怀广阔，是海洋历经风雨，是天空辽阔高远……姥姥，您是我们全家人的老寿星！”这首诗中，小雅运用了大量的象征手法，在姥姥的生日宴会上读起来果然气势磅礴，引人深思，给了姥姥莫大的惊喜。姥姥一边抹眼泪，一边说：“乖孙女，我的乖孙女长大了，知道孝敬姥姥了，姥姥真高兴啊！”

在这个事例中，小雅给予姥姥的礼物非常独特，也得到了姥姥的喜爱和赞赏。她在诗中大量使用象征的修辞手法，使得这首小诗读起来朗朗上口，气势磅礴，道尽了自己对姥姥的热爱和深情，因而才把姥姥感动得老泪纵横。

虽然象征的修辞手法给人以言有尽而意无穷的感觉，但是也需要注意，象征的修辞手法不能生搬硬套。本体和象征体之间，必须要在某些方面有明显的关联和共性，才能彼此作为本体和象征体出现。否则，如果生搬硬套，只会使得语言僵硬，语意也难以完全做到通顺。此外，作为象征体，要想起到更好的表达效果，还应该形象生动，否则就会让人不知所云。人与人之间交流的目的，就是让他人领悟我们的意思。倘若我们的象征艰涩难懂，即便我们自鸣得意地说出来了，他人也完全不知我们所云何物，那么这样的象征不用也罢。这就是所谓的看人说话。除此之外，还要区分事情的情况。如果是高兴的事情，我们频繁使用象征当然无可厚非；但是如果他人正在遭遇悲伤，我们却还是文绉绉地用象征的修辞手法，则无疑会使人感到心烦和厌倦，甚至对于你这个人都会留下不好的印象，导致事与愿违。总而言之，我们每个人在说话的时候都应该三思而行，也应该谨言慎行，这样才能把事情做得恰到好处，也才能如愿以偿。

增强语势，可用排比与夸张

在一切的修辞手法中，要论气势，当然是排比和夸张最具气势。尤其是排比句，利用至少三个排比的短句并列排放在一起，那气势恰如同涨潮时的江水，让人无力抗拒。倘若我们能够在说话时恰到好处地运用排比和夸张的手法，则一定能够气势恢宏，让人耳听不暇，心服口服。尤其是在需要增强表达效果的时候，我们更是可以借助于排比和夸张的修辞手法，从而加重语言的感情色彩，也增强语言的气势，一举两得。

这次，正在读大二的旭辉要代表班级参加学校的演讲比赛。自从进入大学以来，旭辉这还是第一次在同学们面前露脸呢！因而他决定要一鸣惊人。不过他也很清楚，学校里人才济济，想要表现得比别人更优秀更突出，吸引大多数同学和老师的眼球，并没有那么容易。为此，他非常重视这次演讲比赛，甚至还找了高年级一个擅长写作的学长王强，为他修改和完善演讲稿。

看完旭辉的演讲稿后，王强给出了中肯的意见："学弟，你这篇演讲稿虽然也不错，但是总觉得气势上差了一些。你看，假如你能够在中间的高潮部分加入一些排比句，那么读起来就会朗朗上口，也给人无法抗拒的感觉。这就像是江水铺天盖地卷来一样，你是想成为钱塘江大潮，还是想当小小支流缓缓涨潮呢？"旭辉笑着说："学长，我这次可是想一鸣惊人的，当然要当钱塘江大潮啊！还拜托学长给我多多修改和完善，改日我一定重重谢你！对了，我听说夸张的修辞说法也能增强气势，只是不知道，假如言过其实，是不是会影响裁判给我评分呢？"王强笑了，说："夸张和撒谎是不同的，夸张只是为了增强气势和效果，并没有改变事实。只要你不言过其实，适当夸张当然没问题。"就这样，王强在和旭辉交换意见之后，给予了旭辉很多的帮助，不但仔细用心地帮助旭辉修改了演讲稿，甚至还感情充沛地为旭辉进行了演示。果然，在王强为演讲稿增加了排比句，而且在结尾的时候适当采用夸张手法之后，旭辉觉得演讲稿读起来更加朗朗上口，自己的感情也更加充沛了。

毋庸置疑，排比和夸张一定能够增强语言的气势，也使语言的感情色彩更加浓烈。因而，在这个事例中，旭辉为了演讲取得更好的效果，特意找到学长为自己修改演讲稿。所谓行家一出手，就知有没有。王强一下子就指出了问题所在，也把演讲稿改得尽善尽美，所以旭辉才能在演讲比赛中取得好成绩，也终于如愿以偿地走入老师和同学们的视野。

很多时候，我们想要他人记住我们，却没有充足的机会表现自己，只能抓住千载难逢的好机会，给对方留下深刻的印象。在这种情况下，用夸张和排比句给自己的语言增色，无疑是很好的选择。不过需要注意的是，任何事情都过犹不及，我们使用夸张和排比本身就能增强表达效果，因而不要再刻意地夸大其词。任何语言即使再怎么绚丽，一旦脱离事实依据，也会变得苍白无力。此外，使用夸张和排比还需要分清楚时间场合。对于职场人士而言，当众发表演讲或者和同事、朋友聊天，气氛轻松时，自然可以使用夸张和排比。但倘若是向领导汇报工作，或者是生活中与长辈交谈，气氛严肃时，那么使用夸张和排比就有些不合时宜了。总而言之，与人交流时我们使用修辞手法一定要因人而异，也要注意区分场合，千万不要不顾情况地照搬套用，否则就会事与愿违，甚至招人反感，那就得不偿失了。

巧用双关，言在此而意在彼

在需要隐晦表达时，一语双关无疑是非常好的选择。它既不需要我们直截了当地说出让人难堪或者难听的话来，又能委婉曲折地表达我们的意思，又因为隐晦的表达而顾全了他人的颜面，可谓一举三得。通常情况下，人们都用一语双关来表达暗含或者延伸的含义，从而隐藏自身的感情，又让对方有所觉察和领悟。当然，对于这种含蓄的表达方式，要想灵活运用，我们就要多多学习，增加知识，也要多多锻炼思维，让思维开阔，这样才能在需要的时候手到擒来，恰如其分地表达。否则，如果我们的一语双关只会让人丈二和尚摸不着头脑，那还有什么用处呢！

在使用一语双关的时候，最难的就是把握分寸。一语双关既不能过于隐晦，否则就会让人不知所云；又不能过于直白，否则就无法达到原本的目的。在生活和工作中，我们经常需要用到一语双关，需要注意的是，一语双关并非只用于褒义，也经常用于贬义。至于具体的用途，则需要我们审时度势，根据当时的具体情况区别对待。如果是在人多的场合，我们使用一语双关时还应该圈定对象。举例而言，倘若你用一语双关来挖苦讽刺某人，但是说话的时候眼神游移不定，结果被另一个人误会，以为你指向了他，如此一来岂不是平白无故得罪他人，也给自己树立敌人么！换言之，倘若你用一语双关来表达对某人的赞美，也同样要用眼神意会对方，使他人准确接收到你的赞美，与你心照不宣，这样才能对你留下好印象，也与你在心理上更加亲近。总而言之，在使用双关语时眼神一定要跟上，千万不要引起无关人士的误解。

几年来，张大爷做生意发了财，家里不但盖起了高大的楼房，还进行了豪华装修，在村子里首屈一指。为此，张大爷财大气粗，对于曾经的那些穷苦亲戚们也都不放在眼里了。这天，趁着周末，张大爷的远房亲戚刘大妈带着孙子来了，一则是见识见识张大爷的大楼，二则也的确是很久没见了，特意过来拜访。

看到穷亲戚上门了，张大爷虽然表面上和亲戚说长道短，看似热情，实际上心里却不停地嘀咕：都快饭点了，怎么还不走呢！原来，张大爷家今天要吃炖羊肉，一盆羊肉好几百块呢，他很害怕刘大妈和孙子会大快朵颐。思来想去，张大爷决定不吃羊肉。等到中午快吃饭时，老伴来问张大爷："老头子，我做饭了啊！"张大爷突然没好气地说："做什么饭，这不还早着呢么！一会儿再做，你去园子里拔点儿菠菜，中午下面条吃。"听到张大爷如此吩咐，已经淘了米准备做米饭的老伴，只好再去园子里拔菠菜，准备下面条。结果，当天中午，张大爷就以菠菜面条打发了刘大妈和孙子。后来，刘大妈吃完饭准备去厨房帮着洗碗时，无意间看到厨房里有一大盆炖熟的羊肉，不由得很生气。到了客厅与张大爷闲聊的时候，刘大妈愤愤不平地说："老哥，你知道《红楼梦》里刘姥姥进大观园那一遭吗？王熙凤作为管家，看到这些穷亲戚来了真是避之不及啊！您这家里富丽堂皇，也真如那大观园一般。"张大爷不好意思地说："你这说的什么话呀？"刘大妈说："如今在你们面前，我就是那要饭的大肚婆啊！"张大爷羞愧得无地自容，深深觉得自己有些过分了。

在这个事例中，面对张大爷的心惊胆战，见他吓得连炖好的羊肉都不敢吃了，刘大妈自然觉得心中愤愤不平。为此，她以《红楼梦》中刘姥姥进大观园说起，指桑骂槐，说穷亲戚遭人害怕。对此，张大爷当然有所觉察，也意识到刘大妈的情绪不对。不过既然事已至此，他也只能任由刘大妈奚落，毕竟他无法为自己辩解。

不管是在生活中还是在工作中，我们经常会遭遇这样有口难言的情况，既不能直截了当地指责他人，又不愿意哑巴吃黄连有苦说不出。这时，最好的办法就是指桑骂槐，一语双关，让别人领悟到我们的情绪，却又因为没有正面冲突而只能接受这样的挖苦和嘲讽，这样一来我们反而能够占据上风，也能出了心中的恶气。不过因为自始至终都没有显而易见的冲突，所以我们虽然与那些让我们感到委屈的人暗中较劲，却没有撕破脸皮，因而等到怒气烟消云散后，关系总能继续维持下去，说不准下次对方就会有所收敛，也就不会再闹得不愉快了。所谓多个朋友多条路，多个敌人多堵墙，任何时候我们都应该以大局为重，不要因为一时情绪冲动就处处树敌，否则定会感到后悔的。

熟谙成语典故，书到用时更觉妙

中国汉字博大精深，含义深刻，又因为中华文明上下五千年，所以有很多古代的典故沿用至今。在说话的过程中，倘若我们能够采取恰到好处的方式运用这些典故，不但能够表现出我们知识渊博，更能够使我们委婉地表达出自己的意思，也给人深刻的启迪和深度的思考。

生活和工作中有很多时候都并不适合开门见山地表达感情，不但说的人不好意思，听的人也会觉得尴尬难堪，甚至感到害羞。在这种情况下，使用成语典故来进行委婉曲折的表达，做到彼此心中有数，不相关的人却听不懂，无疑是很好的选择。当然，要想熟练地、恰到好处地运用成语典故，我们首先必须扩充自己的知识储备，一个人如果胸无点墨，是不可能出口成章的。我们不但可以在遇到难堪的事情时采取此种表达方法，在遇到让人难为情的事情时，或者需要赞美以及恭维他人时，如若不想做得过于明显和露骨，也可以采取这样的方式方法。你若能妙用成语典故，他人一定会对你刮目相看，且觉得你学识渊博、出口成章，因而也对你赞不绝口，发自内心地认可和肯定你。

需要注意的是，因为成语典故的年代距今已经非常遥远，所以我们一定要深入透彻地了解它们的起源、意义，这样才能真正做到学以致用，且把它们运用得恰到好处。此外，我们还要注意区分对象，倘若我们面对的是一个学问高深莫测的教授，则运用粗浅的成语典故未免有班门弄斧之嫌，也会贻笑大方。与此相对地，倘若我们在一个黄口小儿或者从未读书识字的人面前使用成语典故，则无法起到预期的效果，只会使他们觉得丈二和尚摸不着头脑。除了要区分对象进行使用之外，我们还要区分场合。当然，不同的成语典故，它的难易程度也是不同的，为了避免艰难晦涩，我们最好使用通俗易懂的成语典故，这样不但更容易被他人理解，也能够使他人乐于与我们交流和沟通。总而言之，任何交流都应该以通顺为目的，倘若故意给交流设置障碍，那就得不偿失了。

作为温州著名的制鞋企业老板，刘强突然脑洞大开，居然决定要把生意做到南非，一则那里的人不习惯穿鞋子，一旦改变他们的观念必然市场空间巨大，市场前景广阔；二则他也想在那里开家工厂，从而利用南非廉价的劳动力降低制鞋成本，可谓一举两得。

到了南非之后，市场的拓展非常艰难，不过这早在刘强的预料之中，所以他也并没有显得过于惊讶。为了更好地开拓市场，刘强动员手下的员工们走出商店走到街头巷尾，把廉价的鞋子售卖给当地人。虽然销量有了一定的提升，但是效果并不显著，为此，刘强召开会议研究对策。这时，有个销售员说："既然我们能够走到大街上推销，何不再把工作更加推进一步呢？我想我们应该真正地走到每个人的家里，把鞋子送给他们试穿，这样就算是把昂贵的广告费让给普通百姓，等到他们尝到了穿鞋子的好处，自然会再次来购买鞋子的。"经过大家在会议上齐心协力的反复探讨，刘强最终采纳了这个销售员的意见，市场反应果然很好。在小获成功之后，刘强再次开会表示庆贺，并且感慨地对大家说："果然是三个臭皮匠，胜过诸葛亮啊！咱们大家同心协力，出谋划策，居然真的打开了非洲市场的销路，下面就让我们继续再接再厉，趁胜追击，这样才能让公司发展日新月异，在座的每一位也必然前途无量。”

用典故来比喻大家群策群力想出的好主意居然胜过神机妙算的诸葛亮，虽然看似以臭皮匠自称，实际上却给予了大家非常高的评价，也让大家都感受到胜利的喜悦，因而斗志昂扬，浑身都充满了力量。这样一来，刘强既避免了毫不掩饰地恭维和赞美下属，也的确给予了下属很高的评价，从而起到了预期的效果。

人生在世，每个人都少不了要与他人打交道。一句话既能说得别人笑哈哈，也能说得别人垂头丧气，这全在于我们怎么说、怎么表达。我们只有努力丰富自身的知识储备，让自己说起话来不但流畅，而且很有内涵，才能彻底征服他人。

对偶对照，高低之分当下见

生活中的每个人，为了表现自己的知识渊博，都很愿意在说话时口吐莲花，也很想让自己表现得出类拔萃。然而，所谓强中自有强中手，一山更比一山高。任何时候，我们都不可能占据绝对的优势，尤其是在语言表达的过程中，一旦思路跟不上，也许就会一时语结，甚至还会无话可说。其实，要想提升语言表达能力，我们是有很多方法可以使用的，例如在说话时适当运用对偶和对照的方法，从而增强语言魅力，帮助自己拉开与他人之间的水平，彰显自身的语言实力。

通常情况下，即便是平淡无奇的话语，假如能够使用对偶句说出来，也会朗朗上口，让听者感到美的享受。从修辞的角度而言，对偶往往是押韵的，而且语义凝练，绝无拖沓冗长之感觉。同时，因为对偶句往往是费心琢磨出来的，所以也能够让对方感受到你的独特心意，因而对你刮目相看。此外，工整的对偶也很容易记忆，很多学生在记忆学习内容时都会采取对偶的方式，把学习内容编成朗朗上口的小诗句，从而帮助记忆。当然，我们在日常生活中使用对偶，也能令他人更加深刻地记住我们所说的话，从而给他人留下良好的印象。

不过，需要注意的是，对偶虽然效果好，韵律整齐，要想用好却并非容易的事。为了让对偶的节奏更明显，增强对偶的美感，在说对偶句时，每个词语都要两两相对，否则就会显得很混乱。倘若语言的积累没有达到一定的程度，想要用好对偶是非常难的。因而，在准备使用对偶之前，我们必须努力提升自己的语言素养，如可以通过多多读书的方式积累自己的文学知识，从而使得对偶句顺手拈来。需要注意的是，很多古代诗词都是对仗工整的，为了培养自身的语感，我们还可以向他人多多请教，从而帮助自身感受古诗词的韵律美和对仗工整。总而言之，一分耕耘一分收获，任何情况下，我们都要多多积累，到用的时候才不会恨自己腹内空空。

黎明是一名公务员，因为资历尚浅，在单位里总是得不到重用。再过几天就是黎明的顶头上司张处的60岁生日，为此黎明早早准备好厚礼，想在张处面前好好表现一番。毕竟张处明年就退休了，也许会在最后一年时间里提拔黎明呢！

虽说人走茶凉，但张处还在位，而且他离任之前的推荐将会非常重要。为此，有很多老资格的人都前来给张处祝寿，想得到张处的提拔和赞赏。黎明很有自知之明，他一直在耐心等待，想等到那些老前辈都祝贺完后，自己再去祝寿。为此，他非常有耐心。眼看着大家把能说的吉利话都说完了，黎明不禁又有些发愁。他暗暗想道：再说别人说过的话，肯定是缺乏新意的，估计张处也不会将其听到耳朵里。我到底应该怎么说，才能博得张处的喜欢呢？思来想去，黎明脑中灵机一动，心想："我可以使用对偶句啊，这样是新瓶装旧酒，至少能给人耳目一新的感觉。"为此，黎明在前一个祝寿的人结束之后，马上端起酒杯走到张处面前，说："张处，您天庭饱满，地阁方圆，一看就是非常有福气的人。您不仅把单位里的事情处理得妥帖周到，而且对于我们每个后生晚辈都悉心爱护，我们都是托您的福气，才能在工作上有所长进。现在，我仅代表我自己，祝您福如东海，寿比南山。"

听了这几句话，张处非常高兴，他笑哈哈地说："小伙子出口成章，前途不可限量啊！"原来，张处原本就很喜欢古诗词，如今听到黎明的这几句话全都对偶，因而非常高兴，也不由得对黎明刮目相看。

在这个事例中，黎明能够把原本平淡无奇的话说得朗朗上口，让张处心花怒放，非常高兴，就是借用了对偶的"魔力”。现代社会，人际关系已经上升到前所未有的高度，人与人之间的交流和相处也变得更加重要。有的时候，我们辛苦工作一整天也比不上和上司说好一句话获得的益处多。人际沟通中，我们不可忽视对偶的法力，应努力让自己掌握这一技巧，适时使用。尤其是在喜庆的场合，对偶句朗朗上口，更能够增加几分欢喜的气氛。

第09章

肢体语言——声情并茂让你魅力大增

交流，是人与人之间沟通的媒介，也是人际沟通的主要桥梁。倘若交流的时候不能做到顺畅通达，则人们彼此之间就会产生莫大的误解，甚至导致关系恶化，彼此仇视。很多时候，也许语言并非是万能的，尤其是口头表达更是会出现辞不达意的情况。在这种情况下，我们其实还有很多辅助手段可以借助，例如，表情语言、肢体语言，都能对语言的表达起到很好的促进作用。尤其是肢体语言，因为其动作幅度大，比较夸张，再配以恰到好处的表情，则能达到声情并茂的效果，也使得交流的效果倍增。

洞察真心，离不开“出卖”主人心意的微表情

人的微妙表情有很多，诸如眼神。在很多影视剧作品中，细心的观众会发现，眼神往往能够起到言有尽而意无穷的效果。尤其是在无法用语言准确清晰表达时，眼神的表现力则比语言更加丰富和细致。所以，我们如果想要更加深入透彻地了解他人，不妨在交流过程中多多观察他人的眼神，这样才能准确洞察他人心理，也使得彼此的交流更加顺畅到位。当然，眼神只是微妙的表情之一，人的微妙表情还有很多，诸如嘴角的微微牵动，眉毛的上扬，还有面部肌肉的微微调整，都能根据当时的情形进行恰如其分地表达。

通常情况下，微笑是人们在高兴愉悦时最常用的表情。诸如一个人喜悦的时候会微笑，欣慰的时候也会微笑。不过需要注意，有的人即使遭受极端的痛苦，也会表现出笑的模样，但是眼角眉梢都显露出无法承受的痛苦，这一点需要我们根据当时的情况准确分析和判断。在交谈的过程中看到他人的微笑，则说话者就会像受到鼓励一般非常积极地继续发表高谈阔论；与此之相对地，假如我们看到他人微微皱起眉头，则要意识到也许他人并不想听我们继续当前的话题，就要适时转变话题，甚至及时结束谈话。此外，如果交谈过程中我们看到对方始终保持沉默，这其实也是一种表情语言，是对交谈的抗拒，以及

希望结束交谈的讯号。在这种情况下，如果我们还继续侃侃而谈，不但会招人厌烦，还会导致对方对我们形成恶劣的印象，由此导致人际关系僵化。

金秋十月，学校即将举行秋季运动会，这时候同学们都在积极踊跃地报名。瑞瑞从小就是个病秧子，也许是因为妈妈生他的时候是早产吧，所以他先天体弱，经常生病。自从上了小学，妈妈每天清晨都陪伴瑞瑞跑步，锻炼身体。如今，读五年级的瑞瑞已经风雨无阻坚持跑步五年了。想到这里，瑞瑞不由得信心十足，因而自己做主报名参加了1500米长跑。

比赛当天，运动员们都遥望着看台上的同学、老师和前来观赛的父母，觉得心中充满了力量。随着发令枪响，瑞瑞如同离弦之箭一样向前飞奔而去，很快就把其他同学甩到了身后。然而，随着奔跑的距离越来越长，瑞瑞觉得两条腿就像灌满了铅一样越来越沉重。突然，有几个同学超越了他，瑞瑞一紧张，居然摔倒在跑道上。这时，妈妈来到跑道旁边给他加油鼓劲，只见平日里文静柔弱的妈妈居然一边呼唤“瑞瑞，加油，加油”，一边用充满期待的眼神看着摔倒在地的瑞瑞。瑞瑞被妈妈的热情所感染，鼓足勇气猛地爬起来，继续朝前跑去。他奋起直追，很快就追赶上那几个超越他的人，夺得了冠军。从此之后，瑞瑞在班级里成为长跑王，同学们再也不嘲笑他是豆芽菜，反而还都很佩服他呢！

在这个事例中，瑞瑞原本已经筋疲力尽，却在看到妈妈的呼喊和眼神之后，再次鼓起勇气，为了妈妈，为了老师和同学们，为了集体的荣誉，他再次奋力拼搏。不得不说，是妈妈的眼神给他加油，给他力量。每个人在生命之中都是有高潮和低谷的，尤其是在软弱的时候，亲人一个鼓励的眼神就会给予我们莫大的力量。在这种情况下，眼神的交流甚至比语言的表达更能直达心灵，也更能给我们不可估量的勇气。

表情丰富的你，表达起来更易感染他人

表情是内心情绪的风向标和晴雨表，我们在与他人交流时，一定要多多注意他人的面部表情变化，这样才能及时捕捉他人情绪，准确洞察他人心理。反过来说，我们在表达时为了增强表达力和感染力，也可以让自己的表情随着语言的抑扬顿挫，变得更加丰富，这样一来我们的表现力和感染力也会马上增强，使他人受到我们的感染。

很多人说话时总是平铺直叙，就像是那些流水账般的小学生作文一样，根本没有高潮和低谷，也没有情绪起伏。听到这样的话，你还有兴趣继续洗耳恭听吗？语言的表达只有做到抑扬顿挫，才能把他人拉入我们的情绪之中，令他人和我们同哭同笑，从而彻底感染他人，调动他人的情绪和力量。尤其是在人际交流愈发重要的今天，我们要想在进行语言表达时吸引他人的注意力，就要做到绘声绘色，表情丰富。

在这次学校举行的演讲比赛上，一年级新生马小炮的演

讲居然获得了第一名。原本，从各个方面来评论马小炮的表演都并非是最好的，但是他有一点特别突出，那就是他的表演非常丰富，简直活灵活现。马小炮的演讲稿是逗笑型的，对此，马小炮表演得惟妙惟肖，居然把台下的全体师生都逗得前仰后合。但是在某一处需要表达悲伤的情绪时，马小炮的声音又马上变得低沉平缓，他甚至把自己都感动了，潸然泪下。对于这样一个人仿佛一出戏的表演，全体裁判老师都被深深吸引住了，因而不约而同地都给予马小炮很高的评分。后来，考虑到马小炮在演讲的技能方面并不能作为其他同学的楷模，因而把马小炮与另外一个各方面都非常优秀的演讲者，并列作为第一。

不得不说，马小炮之所以能够感动评委，就是因为他丰富生动的表演。也因为表演到位，他的演讲才能吸引台下所有的观众，让大家跟着他哭，跟着他笑，丝毫不能摆脱他的情绪控制。演讲进行到这样的阶段，无疑是非常成功的，也能够使人忽略马小炮在演讲技巧方面的不足。归根结底，演讲的目的就是打动人心，马小炮已经做到了。

现实生活中，我们经常需要与他人交流，在交流的过程中也要运用我们形形色色的表情。仅仅凭借语言进行各种复杂情绪的表达，则往往会显得心有余而力不足。在这种情况下，我们不妨采取更好的方式，借助丰富的表情作为辅助手段，让自己的表达更加生动，也更能打动人心。

你的吸引力，有一部分来自你的手势

经常观看新闻联播的朋友们会发现，每当国家领导人去其他国家访问，在下飞机时都会挥一挥手，以表示对其他国家迎宾和领导人的友好与敬意。倘若没有这样的挥手，也许就会给人妄自尊大的感觉，也就导致彼此间关系紧张和恶化。在建国七十周年的阅兵仪式上，主席也会对着参加检阅的将士们挥手，同样是示意尊重。其实不仅仅是在这些隆重的场合，即使在日常生活中，我们如果能够借助于恰到好处的手势作为语言的辅助手段，与人交流，也一样会起到更好的表达效果。

需要注意的是，手势的使用有很多注意事项，千万不能随便使用手势，尤其是在百里不同风的地方，更要慎用诸如手势等肢体语言。普通话已经全国通用，因而大多数人都能很好地理解普通话的意思，但是诸如手势、表情语言之类的肢体语言，却并没有得到统一规范，因而往往存在不同地域含义不同的情况。这就要求我们使用手势要符合惯例，才能避免闹出笑话，甚至与他人产生误解。诸如，人们约定俗成介绍某人的时候，应该以右手打开的方式指向所介绍的人，指示方向也可以伸出右手食指示意，在表示赞许和欢迎时可以鼓掌，这些都是约定俗成的，我们应该按照习俗或规范使用。诸如拥抱之类的肢体语言，则属于小众范围，或许只能在某一个特殊的地域使用，不能滥用。此外，还要注意适度使用手势。倘若滥用手势，则会给人以浮躁不安的感觉，也会使他人感到局促不安。例如握手，通常情况下，握手要用右手，而且握手只需要保持三秒钟，倘若紧紧抓住别人的手不放，尤其是异性之间，会导致尴尬，甚至产生误解。

作为公司行政部的人，每当有重要客人来访时，领导总会安排诺心接待。究其原因，是领导觉得诺心很懂礼仪。有一次，诺心在接待一个重要宾客时，不仅在宾客进门之前鼓掌欢迎，而且在宾客进门时，四指并拢，掌心朝上，给客户引路。领导注意到这个细节，客户也对诺心投以赞许的目光。所以从此之后，每当有重要人士需要招待，领导总是第一时间想到诺心。后来，公司成立了专门的公关部门，诺心理所当然地成为公关部主管。由此，她不但成为公司的中层管理者，个人的职业生涯也取得了长足的发展。

因为能够得心应手地使用恰到好处的手势，所以诺心才能晋升得如此神速，也为自己的人生打开更加宽阔的道路。这就是一种优势，不过这种优势并非天生的，而是我们学习礼仪的成果，学会使用手势表达自己的意思，就能够提升自己待人接物的水平。即便不是专门的公关人员，在日常生活中，我们作为普通人如果能够尊重他人，也能得到他人的尊重和赏识，一定有利无弊，也能够给身边的人留下良好的印象。

人与人交往必须做到礼尚往来。尤其是交流过程中的诸多细节，我们更是应该多多关注，用心表达，才能起到良好的效果。任何情况下，假如我们无法做到主动尊重他人，也就无法如愿以偿地得到他人的尊重。所谓种瓜得瓜，种豆得豆，这个道理在人际交往中也有深刻的体现。

得体的装扮，为你打造良好形象

熟悉的人因为彼此有一定的了解，所以能客观中肯地评价对方。但是倘若是初次见面的人，彼此之间的第一印象就显得非常重要。生活中有很多人不修边幅，总觉得真金不怕他人的火眼金睛，殊不知你当然可以对自己是真金有信心，却不能对他人的火眼金睛那么有信心。归根结底，很多时候人们并不都是伯乐，也无法准确识别千里马。因而，在现代社会中要想给他人留下好印象，我们必须注重自身的形象，才能做到更好地把自己推销给他人。如此一来，我们才能如愿以偿地给他人留下好印象，为未来的友好相处奠定基础。

很多人为了与他人之间的交流问题颇为苦恼，殊不知磨刀不误砍柴工，倘若真的想要使自己人际关系顺畅，不如恰到好处地装扮自己，让好印象帮助自己加分。这里，我们需要注意的是必须避免一个误区：恰到好处的装扮，并非指的是越奢华越好，而是应该符合自己的身份。比如说那些生活在社会底层的穷苦人，虽然穿得破旧，但是始终干净利落，这样依然能给人留下好印象。很多时候，我们从他人的衣着打扮，也可以看出他人对待生活的态度，以及客观考察他人对于人际交往对象是否足够尊重。由此可见，穿衣打扮是一种态度，而非大多数人所理解的那样，只是为了虚荣和面子。所以，我们每个人如果想要成为社交达人，首先应该摆正自己的态度，对待装扮要保持正确积极的心态。现代职场，有很多单位强制要求女性必须淡妆上班，这也是充分考虑到装扮的重要性，并认识到装扮从某种程度上表达了己方对待客户的态度。不得不说，这是社会审美的进步，是有着积极意义的。

阿花已经到了谈婚论嫁的年纪，却始终没有交男朋友。看着女儿每日独来独往，妈妈不禁着急起来，四处托亲戚朋友为阿花介绍对象。阿花相亲几次都没有结果，妈妈因而问一个关系比较好的“媒婆”——阿花的三姨：“阿花也没那么差吧，怎么就没有男孩子喜欢她呢？”三姨捂住嘴巴笑了，说：“你看自己的女儿，当然越看越好看，不过阿花的确还是很俊俏的。我介绍的那个男孩子相亲后对我说，觉得阿花太素了，脸上连点遮瑕霜都没有，看起来不像是大城市的女孩子，倒像是朴实无华的乡村小土妞。而且，阿花原本身材很好，偏偏没有一件像样的衣服，总是衬衫牛仔裤，一点儿腰身都没显出来。姐姐，现在的年轻人你还不知道么，当然是希望女朋友越漂亮越妖艳越好，带出去也有面子啊。就算是不打扮得浓妆艳抹，至少相亲也应该略施粉黛啊！这样素面朝天，衣衫随意，怎么能博得男孩子的好感呢！”

妈妈听了三姨的话恍然大悟，说：“还真是的，这个孩子执拗得很，总觉得涂脂抹粉浪费时间，还不喜欢穿淑女的衣服，说牛仔裤和T恤衫行动自如。我都说了她多少遍了，她又不丑，干吗不把自己打扮得漂亮些呢？她总是嗤之以鼻，说自己舒服就好。这下子好了，马上就成大龄剩女了，老闺女啦！”后来，妈妈再三劝说阿花，让她最起码在和人初次见面的时候，应该对他人表示尊重。阿花后来简单地收拾下自己，果不其然效率倍增，又经过几次相亲就成功找到了“白马王子”，也得到了属于自己的幸福。

对于相亲对象，阿花虽然表现出自己的本真面目，却因为丝毫不加修饰，导致相亲效率极其低下。其实，我们不管是面对相亲对象，还是面对普通人，都应该努力提高自己的形象，让对方感受到我们对其尊重，也欣赏到我们的品味。曾经有心理学家经过研究发现，第一印象对人的影响非常长远，甚至能够达到七年之久。尤其是那些习惯于通过第一印象来对他人进行判断的人而言，就更会把第一印象留在自己的心里，影响对他人的正确判断。为此，我们一定要努力提升自己的形象，给他人留下好印象，这样对于人际交往和彼此间的交流也是非常有好处的。

当然，需要注意的是，恰到好处的装扮，除了要符合自身的身份、讲究卫生之外，也还要审时度势，根据自身情况进行改变。毕竟，人是生活在特定环境中的，任何装扮如果脱离环境，都会显得不合时宜。诸如在正式场合一定要穿西服，在休闲的场合穿西服则显得格格不入，甚至让人觉得不伦不类，这都是需要我们根据生活经验作出判断的。

举止有度，仪态端庄方能获人好感

除了年幼的孩子尚且处于活泼好动的年纪之外，对于儿童以及成人而言，最基本的行为礼仪要求就是“坐有坐相，站有站相”。特别是在正式的人际交往场合，我们要想得到他人的尊重，与他人友好相处与交流，就更应该注意自己的站姿坐姿，从而表现出自身的涵养和素质，也得到他人的肯定和赞许。无疑，站姿和坐姿是最基本的两种姿态，一个人如果站没有站相，坐没有坐相，则很容易招致他人的反感，甚至导致产生误解。由此一来，人与人之间还怎么可能友好地交往下去呢！

通常情况下，严肃认真的人对于站和坐都会保持严肃的态度，其实他们对于生活的态度也是非常认真的。不过，在日常生活中，有很多朋友都不知道如何才算“坐有坐相，站有站相”，下面就让我们来学习一下，到底如何站着或者坐着，才能符合礼仪的要求，提升我们做人做事的品质。首先，坐一定要平稳，身体不要左右歪斜，更不要不顾形象地倚靠在后面。正确的坐姿是上身保持挺立，双腿微收回，膝盖并拢。站立的时候，除了要求身体自然挺立，双肩保持齐平之外，还要挺胸收腹。需要注意的是，千万不要双臂环抱胸前，这未免有拒人于千里之外的感觉；也不要一条腿不停地抖动，否则就会给他人留下轻浮的印象。当然，把手插在裤子口袋里，双脚一前一后摆放，也是不好的。总而言之，我们不管是坐着还是站着，都应该落落大方，不卑不亢。当然，如果是在轻松闲聊的场合，也不建议稳坐如同泰山岿然不动，这也必然会给他人造成紧张和局促感，使人根本无法尽情尽兴地畅所欲言。由此可见，坐相和站相也应该根据不同的场合随时调整，但是注意有些非常不雅的姿态只能在家中没有外人在场的时候表现出来，平日里千万不要随意显露，否则就会导致事与愿违，甚至使我们被他人低看一眼。

所谓丑媳妇总要见公婆，交往了富二代男朋友的小娜最近也要去见准婆婆了，心中难免紧张。原来，小娜的准婆婆是富家千金，一直锦衣玉食，过的是真正上流社会的生活。而小娜只是一个来自农村的丫头，对于富人生活完全没有了解，她很担心婆婆会对她不满意。

一个周末，小娜带着提前准备好的礼物，与男朋友一起回到家里，拜见婆婆。刚开始时，婆婆看到小娜还觉得很欢喜，但是她们聊着聊着，婆婆突然脸色有些难看，小娜却不知道自己哪里做错了。直到小娜留下吃完午饭后离开，婆婆都不再像刚开始时那么高兴，为此小娜也郁郁寡欢。事后，小娜让男朋友了解原因，不想男朋友回来说：“我妈觉得你坐相不好，所以有些不高兴，她倒是不那么在乎门楣的观念。”“坐相？”小娜有些疑惑不解，“我好好坐着的呀，不知道哪里不对。”男朋友笑了，指了指小娜，说：“就像你现在这样，我妈妈就觉得不好。”看着小娜不知所以的样子，男朋友只好用手指了指小娜的膝盖，说：“你看，我妈妈认为大家闺秀应该双腿并拢，这种膝盖分开的姿势，在我妈妈心里，只有男人才可以这么坐。”见未来的准婆婆如此犀利和敏锐，小娜不由得沮丧起来，男朋友安慰她说：“没关系，这些东西都是可以学的，很快就能学会。”

因为坐相不好，小娜险些遭到未来准婆婆的嫌弃。幸好她后来知道了问题所在，也可以做到及时改进，否则仅仅依靠自己的力量，小娜根本不可能知道自己哪里做错了。对于女性朋友而言，除非是在私密场合，否则膝盖大大张开是非常不雅的行为，尤其是在讲究繁多的上流社会，这么坐是绝对不被允许的。小娜因为找了个富二代男朋友，因而将要进入豪门生活，必然有很多不良的习惯都要改进，否则以后与准婆婆有冲突的日子还多着呢！

无意识的肢体语言，透露内心大秘密

在人与人交往的过程中，尤其是在交流时，倘若有一方想要刻意隐瞒什么，会刻意努力伪装自己，从而使他人无法洞察他们的内心。在这种情况下，人们很难把方方面面的事情看清楚。那么，如何才能洞察他人的内心呢？在他人刻意隐藏真实内心的情况下，甚至连他的眼神、表情都会随之改变，但是有一点是很难掩饰的，那就是他无意识的小动作，也就是人们情不自禁之下做出的肢体语言。倘若我们能够捕捉到这些微弱的信号，也许就能洞察他人的内心，掌握我们自身想要了解的信息。小动作，大秘密，这样的观察往往让我们事半功倍，效率倍增。

我们既可以通过他人无意识的肢体语言了解他人，也可以反过来，刻意伪装自己无意识的肢体语言，在诸多交流的场合给他人施加压力，如此一定能够事半功倍，战胜他人于无形。例如在很多谈判的场合，当谈判陷入僵局时，有经验的谈判人员就会运用肢体语言，向对方释放出强烈信号，从而让对方情绪紧张，最终乖乖就范。

这次，小马作为公司代表，带领团队与客户进行谈判。因为项目关系重大，所以小马足足与对方谈判了两天时间，都没有实质性的进展。到了第三天，小马决定快刀斩乱麻，想办法尽早结束谈判，因而他想了一个好办法。

上午半天时间，小马依然不动声色，但是说话显得更有底气，丝毫不愿意让步。中午吃完午饭稍事休息之后，他们再次与对方展开拉锯战，不过小马却显得有些反常。不久，他的电话铃突然响起，他抱歉地说："不好意思，我接个电话，老总打来的。"说完，小马就拿着电话走了出去。足足过了五分钟，小马才回到会议室，这时他并没有坐在之前的位置上，而是拿着手机坐在了一个靠门的位置上，而且身体略微朝着门的方向倾斜，对于谈判也显得有些心不在焉。在对方说完一个提议之后，他有些厌烦却强颜欢笑地说："咱们的谈判也进行了将近三天了，彼此也都成为了朋友。我建议不如结束谈判吧，毕竟谈判已经陷入僵局，再说下去也只是徒劳拉锯而已。我作为东道主，晚上请你们去本地最大的饭庄好好吃一顿，然后再去唱歌，也算紧张后的放松，也算给你们送行了。真是不好意思，辛苦你们大老远来一趟。”说着，小马还把两条腿都放到对着门的那一侧。这时，对方代表看到小马的肢体语言，意识到小马所言非虚，因而马上调转话头，说：“马经理，别介呀，你看咱们谈得还是很愉快的，你我都是打工的，谁也不愿意徒劳无功。这样好不好，我现在马上给总部去个电话，看看能不能批准我们再让两个百分点，这样你也好交代了吧！”小马说：“老兄，真不是我不想做成这个生意，只是你们最低也要再让三个百分点，我才好和老总汇报。当然，我肯定也不想为难你，我觉得就这样结束了吧，今晚也好有更多的时间可以放松休闲一下，让我尽一尽地主之谊。”“别别别！马经理，您这才是让我为难呢！您等着，我这就打电话跟老总申请。”说完，客户代表就拿起电话走出去，和老总请示汇报去了。最终，他们很痛快地让了两个百分点，小马也代表老总退让一个百分点，使得双方皆大欢喜。

在谈判过程中，小马伪装出来的一个无意识的肢体动作，最终让客户代表信以为真，也意识到必须马上作出让步，才不至于让这三天的心血白费。也因为小马的动作到位，所以客户代表才对小马所说的深信不疑。因此，小马轻而易举地在最后关头为公司争取到更大利益，也使得谈判顺利结束，皆大欢喜。

无意识的肢体语言既可以作为我们洞察他人内心的途径，也可以帮助我们有意识地伪装出无意识的内心，从而给谈判对象施加压力。尤其是在剑拔弩张的时刻，只要能把这个技巧运用好，就可以给我们自身增加谈判的筹码，也给对方造成心理上的紧张和局促感，可谓一箭双雕。

第10章

敢于自嘲——自嘲助你更受欢迎

这个世界上没有十全十美的人，这也就直接决定了人总是有缺点和不足的，而且常常因为诸多疏漏遭人嘲笑。面对他人的嘲讽，也许有些人会极力为自己辩解，殊不知假如能够巧妙地进行自嘲，不但能够为自己保全颜面，也会让他人因为我们豁达的心胸而对我们刮目相看。不得不说，自嘲拥有一种魔力，对于善于自嘲的人，大多数人都心怀敬畏。

不要回避，自己的缺点要勇敢直面

人都是有缺点和优点的，也许有的人优点更多，但是不可能没有缺点；也许有的人有很多缺点，但是这也不能改变他们拥有优点的事实。对于他人，我们总是怀着一颗宽容友善之心，愿意给予他人更多的包容和理解；但是对于自己的诸多不足，我们却总是耿耿于怀，甚至因此对自己极其不满。其实，每个人都是如此，既有优点又有缺点，从这个角度出发，我们也就无须苛责自己，只要尽心竭力做最好的自己便可。

通常，人们不愿意把自身的缺点表现出来，总想掩饰缺点，从而保证每时每刻都表现自己的优点，似乎这样一来自己在他人眼中就会变得近乎完美，能够得到他人的认可和赞许。其实，这样胆怯的态度非但无法掩饰缺点，反而让他人将我们的缺点看得更清楚，因而影响对我们的评价。真正明智的人并不会掩藏自己的缺点，因而他们是真正的勇敢者，总是能够直面自身的缺点，也更知道自己的优势和长处，如此才能扬长避短，取长补短，使自己的人生更加精彩和辉煌。

对于胆怯、懦弱和自卑的人，当他人以他们的缺点经常嘲笑、挖苦和讽刺他们的时候，他们总是不知道如何面对。其实，与其辩解和遮掩，不如采取自嘲的方式。记得曾经有人说过，自嘲是最佳的解决困窘的方法，我们甚至能够在进行自嘲的时候赢得他人的赞赏和慷慨帮助。的确，这份勇敢和无畏，能使得每个人都对自嘲的人充满敬佩。既然如此，我们不如从现在开始就锻炼自己的自嘲能力，当你能恰到好处地自嘲时，你也就拥有了在人际交流中游刃有余的能力。

有一次，林肯在街头行走时遇到一位妇人，这位妇人在认真观察林肯的相貌之后，说："先生，我从未见过比你更丑的人，你的脸实在是丑得没法看啦！"林肯丝毫没有恼火，反而平静地说："谢谢您中肯的评价，夫人，只是您有好的建议给我吗？"妇人笑了，狡黠地说："长得丑不是你的错，但是出来吓人就不好了。"林肯依然心平气和地说："谢谢您，夫人，我会认真考虑您的建议。"

几天后，林肯与竞争对手开展了一场辩论赛，是公开进行的。在辩论过程中，林肯被对手指责为有两张脸，说一套做一套，林肯不由得哈哈大笑起来，说："前几天，有位路上偶遇的妇人觉得我太丑，甚至建议我不要出来吓人，但是为了为民造福，我不得不带着这张丑得不能见人的脸四处奔波。现在，你又指责我有两张脸，大家不妨为我评评理——倘若我真的有两张脸，我还会带着这张吓人的丑脸四处奔波吗？"听了林肯的话，包括对手在内，几乎所有人都哄然大笑。林肯之所以能够博得大多数选民的选票，就是因为他很善于自嘲，也非常喜欢调侃自己，所以才能成功当选美国总统。

毋庸置疑，即便包括美国总统在内，每个人都是有优点和缺点的，只不过每个人对待自身的优点和缺点的态度不同，所以他们才会有完全不同的命运。诸如事例中的林肯，其实在成功当选美国总统之前，林肯一直厄运相随，从未受到过好运的青睐，但是他非常坚强豁达，也很乐观，因而才能坚持到最后，成为那个成功者。由此可见，能够直面自身缺点的人都是真正勇敢的人，他们积极乐观，也因为敢于自嘲而在面对人际交往的尴尬时游刃有余。其实，与其对自己的缺点遮遮掩掩，不如坦然面对，适当自嘲，反而能有效帮助自己博得他人的尊重和认可，也能够得到他人的慷慨帮助和坚定不移的支持。

身处窘境，敢于自嘲才能摆脱尴尬

人与人交往的过程中，因为脾气秉性不同，也因为处理问题的方式方法不同，因而难免会有尴尬的时刻，人们时常会遭遇冷场和难堪。在这种情况下，与其想尽办法欲盖弥彰，不如坦然大方勇敢自嘲，这样就能摆脱尴尬，逃出窘境，也使得我们自身更加圆融通达。有些朋友觉得自嘲就是自我贬低，其实自嘲和自我贬低有着本质的区别，自我贬低是自轻自贱，自嘲则是一种高明的人生态度，是真正的豁达和自信。一个没有自信的人是不会自嘲的，他们只会自轻自贱，也因为自己都瞧不起自己，反而给他人留下更加畏缩怯懦的印象。

一个真正善于自嘲的人，总是能够利用大智慧，把原本尴尬的情况变得通达，也不至于使人们觉得难堪。实际上，自嘲就相当于给自己搭建下台的梯子，不但能够让自己有台阶可下，也可以达到幽默自己和他人的效果，让交谈的气氛变得热烈融洽。最重要的，自嘲者还可以在此过程中表现自身的智慧，让欢乐围绕在自己的身边。众所周知，谈话最重要的就是氛围，倘若氛围不好，只怕很多话题根本无法进行深层次的交谈。从这个角度来说，自嘲不但是一门艺术，更是人际交往中一门高深莫测的学问，能够把自嘲运用得炉火纯青的人，一定是有着高超智慧的。此外，自嘲的人还很善于随机应变，根据事情的变化，他们脑筋灵机一动，就能给自己找到契机，从而帮助人们转移注意力，也使自己避免尴尬。当然，前文说过自嘲不是自轻自贱，我们都要非常注意语言和行为，千万不要因为情势尴尬或者急迫，就口不择言，做出出格的事情。任何情况下，自嘲都是与人同乐的开心事，也千万不要因为自嘲惹得自己和他人不快，否则就是得不偿失。

抗日战争胜利后，著名画家张大千准备从上海出发，回到四川老家。此行路途遥远，因而很多好朋友都要为他送行，为了让聚会尽兴，有个朋友还邀请梅兰芳等著名的戏曲艺术家作陪，一起为张大千践行。那次，是张大千第一次见到梅兰芳，他们二人一见如故，彼此投缘，因而始终谈笑风生，毫无陌生感与隔阂感。眼看着开席的时间到了，朋友们一致主张让张大千坐在上座，张大千却说：“梅先生是真正的君子，他应该坐在上座，而我呢，却是个地地道道的小人，只能坐在末座，能够陪伴梅先生已经不胜荣幸。”听到张大千这句话，朋友们都丈二和尚摸不着头脑，一个个你看我我看你，全都瞠目结舌，甚至有些朋友感到非常紧张，彼此以眼神示意。原来，他们完全误会了张大千的意思，还以为张大千曾经与梅先生有过过节呢！

就在现场气氛到达紧张巅峰时，张大千却从容不迫地说："常言道，'君子动口，小人动手'，你们看，梅先生是唱戏的，典型的动口不动手，因而是君子。而我呢，却是个画画的，向来都是动手不动口，可不是小人嘛！所以，我坚持让梅先生坐上座，我来坐末座，这样再公平不过啦！"张大千话音刚落，在场的朋友们全都会心地哈哈大笑起来，那些原本一颗心已经提到嗓子眼的朋友们，也非常高兴地又拿来椅子，让张大千和梅先生一起坐在首座。后来，每当提起张大千，梅兰芳都会说起这件让人高兴的事情，并且真心地夸赞张大千非常幽默，充满智慧。

在朋友相聚的欢乐时刻，张大千以自嘲引起大家紧张，又以一番解说让大家悬着的心全都放下来，且觉得非常高兴，满堂欢声笑语。不得不说，张大千不但以自嘲抬高了梅先生，也以自嘲给大家带来欢乐，实在是让人钦佩不已。也因此，他给梅兰芳留下了深刻印象，得到了梅兰芳的赞赏和至高评价。

日常生活中，倘若每个人都能恰到好处地运用自嘲，以此来表现自己的自信，也让人相信他们是非常优秀的，从而顺理成章地彰显优点，认识缺点，则一定能够得到大家的欢迎，也让自己拥有好人缘。

贬己拒人，给他面子，护你人缘

自嘲可以用在很多时候，众所周知，拒绝是很容易得罪人的，也很容易让彼此间的情分受到伤害，倘若这时能够恰到好处地运用自嘲的方法，贬低自己，抬高他人，则一定能够让拒绝进行得顺理成章，也能够给他人留足面子，使他人虽然被拒绝却不会因此而记恨于我们，岂不是一举两得的好办法！

现实生活中，谁人不需要得到他人的帮助，谁人又不会被他人求助呢？人是群居动物，任何人都无法仅凭借一己之力生活，因而人与人之间原本就是守望互助的关系，唯有彼此帮衬，才能让生活不那么艰难。当然，在被他人求助时我们倘若心有余而力也有余，则可以慷慨解囊，伸出援手；但是倘若是心有余而力不足，则会感到非常为难，甚至竭尽全力也无法帮助他人的情况下，则要学会拒绝。要想避免引起他人的反感，不至伤害彼此间的感情，千万不要生硬地拒绝他人，更不要伤害他人的颜面。要想两者兼顾，委婉拒绝才是最好的方法，学会贬低自己，适当自嘲，则能够在保全他人颜面的同时，也为自己赢得面子，还能保护彼此间的感情不受伤害、延续下去，可谓一举数得。

在担任美国总统期间，杜鲁门曾经有一次会见麦克阿瑟将军。众所周知，麦克阿瑟将军战功赫赫，不仅在军界大名鼎鼎，而且在政界也声名远扬，他仗着自己各方面都很出色，且名声在外，因而显得非常傲慢，根本不把杜鲁门看在眼里。在交谈过程中，当他们俩独处时，麦克阿瑟就会拿出随身携带的烟斗，塞满烟丝，等到已经拿出火柴并且即将划燃时，他才由目中无人的状态略微改变，装模作样地停下准备划燃火柴的手，扭头问杜鲁门："尊敬的总统先生，您介意我抽烟吗？"显而易见，麦克阿瑟将军根本不是真心征求杜鲁门的意见，而是先作好抽烟的一切准备，等到只差点火的时候再问杜鲁门。由此一来杜鲁门非常被动，倘若他生硬要求麦克阿瑟不能抽烟，那么则显得他很不近人情且霸道，为此杜鲁门很尴尬，对于麦克阿瑟这种缺乏礼貌的行为有些恼火。不过，他并没有表现出愤怒的样子，而是不动声色地看了麦克阿瑟一眼，脸上浮现出笑容，自嘲道："将军，您请自便，我被喷到脸上的烟雾，比任何一个美国人都多！"听了杜鲁门的话，麦克阿瑟有些羞愧，因而赶紧收起烟斗，绝口不提抽烟的事情。

对于这种难堪的情况，机智幽默的杜鲁门就这样圆满解决了，而且把烫手的问题踢回给麦克阿瑟去解决。倘若杜鲁门生硬拒绝麦克阿瑟，则会显得他霸道无礼；如果逆来顺受，则又会显得他懦弱无能。在这种情况下，自嘲无疑是最好的选择，不仅顺利帮助杜鲁门解决难题，也使得麦克阿瑟将军有了自知之明。

生活中，常常会发生这样尴尬的情况。与其被动地等待尴尬的情况发生，不如选择更好的方式保护自己。面对自己的难堪，采取贬低自己的方式委婉拒绝，反而能够让对方拥有自知之明，也不再强人所难。由此一来，我们不但没有驳了对方的面子，也顾全了自身的颜面，可谓皆大欢喜。

消冰融雪，巧用自嘲打破僵局

人与人交流的过程中，常常会因为一言不合，导致彼此关系僵化，甚至使交谈陷入尴尬冷场的境遇，彼此再也无法谈笑风生。在这种情况下，尤其是人多的时候，则显得非常难堪，沉默更像是一块沉甸甸的石头压迫在人们的心头。倘若有人能够巧妙自嘲，打破僵局，让冰雪消融，欢声笑语重现，可想而知那些身陷“囹圄”的人们该对他多么感激不尽啊！打个形象的比方，当正在进行的交谈因为一言不合而导致马上千里冰封，就像是三伏天突然进入三九天，且不说那份寒冷，仅仅是那种无语的气氛，也让人承受不住。

在人才济济的中央电视台，才华横溢的人随处可见，俊男靓女也从不少见。和那些说着一口流利标准的普通话、风度翩翩的男主持人相比，毕福剑显然不能算作其中的佼佼者，甚至他的相貌与那些男主持人相比还显得有些格格不入。不过，为什么观众朋友们那么喜爱毕福剑呢？不但因为他是毕姥爷，也因为他非常善于自嘲，甚至有的时候不惜拿自己显而易见的缺点进行自嘲，不可谓不自信，不可谓不勇敢。

作为美国航天员，阿姆斯特朗和澳德伦一起登陆了月球，但是阿姆斯特朗最终迈出了踏向月球的第一步，自此被称为“一个人的一小步，全人类的一大步”的第一人。对此，和阿姆斯特朗一起登陆月球的澳德伦有何感想呢？毕竟阿姆斯朗特仅仅比他领先一步，就在人类历史上留下了光辉的大名。对此，在返回地球之后，曾经有记者特意问澳德伦：“你觉得遗憾吗？如果当时由你最先踏上月球呢？”此言一出，当时在记者招待会现场的人都陷入了沉默，毕竟这个问题很敏感，也不能不说是遗憾。此时此刻，就连阿姆斯特朗的表情都有些尴尬，显得很僵硬。不想，澳德伦却面不改色，心平气和地说：“这有什么关系呢！你们可知道，当初回到地球时是我第一个爬出太空舱，踩到地面的。我可是第一个从其他星球上来到地球的人啊！”澳德伦此言话音刚落，在场的人们都给予了他热烈的掌声。

在上面所事例中，记者提问向来以犀利见长，面对澳德伦的遗憾之事，他们故意哪壶不开提哪壶，只想让澳德伦觉得丢面子，但是澳德伦显然非常机智，以踏上地球的第一人自诩，不得不说他的回答精彩绝伦，简直无懈可击。尤其是其对于自身功名利禄的淡泊之心，更是让人佩服不已。如此一来，澳德伦不但保住了自己的颜面，也彰显了自己的胸怀，可谓一举两得。

现实生活中，尴尬的情况随时可见，我们唯有让思维变得更加灵活，随机应变，才能借助于自嘲，帮助自己保全颜面，表现自己的机智幽默，从而给他人留下好印象。需要注意的是，自嘲一定要适度，既不要妄自菲薄，也不要自轻自贱。任何情况下，自嘲的目的都是为了让沟通更顺畅，只要把握好尺度，达到目的即可，否则就会导致事与愿违，也会使事情起到相反的效果。

凡事留一线，以自嘲为自己留点余地

适当的自嘲不但能够给他人赢回面子，也可以给自己留有空间。尤其是当他人处于水深火热之中时，以自嘲解救他人虽然不费太大的力气，但是这份机智和幽默却足以使他人对我们留下良好的印象，也能帮助我们建立良好的人际关系，使得人与人之间的相处变得更加和谐融洽。

通常情况下，善于自嘲的人人缘都很好，因为他们非常勇敢且有自信，因而在与他人相处时不会因为过分敏感导致彼此关系剑拔弩张。此外，自嘲的人也非常聪明机智，他们有着独特的处世哲学，不会过于看重自己的面子，也因此广结人缘。毋庸置疑，每个人在生活和工作中，都会遭遇尴尬的时刻，在这种情况下，只有坦然面对，随机应变，才能给自己留有回旋的空间，也才能向他人施以援手，帮助他人度过尴尬和难堪的时刻。

这次，小张代表公司接待几个非常重要的客户，进行业务洽谈。当时，小张还有两个助手，也都是非常聪明机灵的人。眼看着快到中午了，小张与客户的业务洽谈也即将进行到下一个阶段，正在此时，突然有个客户的肚子发出咕噜咕噜的叫声，在空旷安静的会议室里显得非常明显，因为当时正在播放幻灯片，所以并没有人说话。此时，小张看到客户的脸都羞红了，他赶紧随机应变地对助手说："小李，时间也不早了，要不咱们先吃午饭再继续工作吧，你们听，我的肚子都饿得咕咕叫，发出抗议了。尤其是它知道咱们今天中午要吃本地的特色菜，也犯了馋瘾，更加迫不及待地等着开饭了呢！"小李马上心领神会，笑着说："其实我的肚子早就开始叫了，那咱们就去吃饭吧，我现在就安排餐厅上菜。"

听到小张和小李一唱一和，客户的脸色才渐渐由红转白，不再那么尴尬和难堪。可想而知，这个客户非常愿意和小张合作，而且也正是在他的带头作用下，同来的几个客户都与小张达成了合作意向，这使得小张一下子成为公司的功臣，而且得到了老板的提拔！

在这个事例中，小张明明知道是客户的肚子在咕咕叫，为了避免客户难堪，他特意说是自己的肚子在叫，因而帮助客户摆脱了尴尬，也使得客户更加自然。面对小张的善解人意和随机应变，客户怎能不感激万分呢！毕竟他们身为客人，面子是很重要的。至于小张，虽然帮助客户顶了"黑锅"，但是因为他以此展开自嘲，所以并没有过分丢面子，反而因为说开了，也丝毫不觉得尴尬。

朋友们，要想广结人缘，也令自己在尴尬的情况下争取最大的回旋空间，不如从现在开始就努力提高自嘲的能力。毕竟自嘲并非自我贬低，而是机智幽默的表现，很多时候还能帮助我们处理好人际关系，做成大事呢！

旁敲侧击，以自嘲警醒他人

很多时候，我们要想给他人指出缺点和不足，并非一定要直截了当、毫不掩饰，而是需要根据情况想出合理的对策，才能既顾全他人颜面，又达到自身目的。不过，对于那些自尊心异常敏感的人而言，即便我们想出了委婉曲折的办法，也依然无法达到预期的效果，还是会让他们心中留下症结，这又该如何是好呢？在这种情况下，为了避免他人尴尬，也为了起到警示的作用，我们不妨采取自嘲的方式，以自己作为主体进行叙述，如此一来，对方即便心中不悦，也因为我们先把自己说在前面，他们对我们也就无可指责了。

一直以来，宋大爷夫妇都在北京与女儿全家一起生活。这段时间，他们恰巧因为要处理一些事情回到家乡，也顺便去探望了年迈的哥嫂。宋大爷的哥嫂已经七十岁了，但是因为子女的拖累，现在还在帮助子女操持家务，带孩子、洗衣服、做饭，尤其是大哥因为腰椎间盘突出还进行了一次手术，身体状况也很不好。为此，宋大爷夫妇想要劝说哥嫂不要太过劳累，该享受的时候就要享受，该让子女承担的也应该让子女承担，毕竟七十岁的人已经土埋脖子了，再不享受就没有时间和机会了。不过宋大爷老伴也想道："年纪大的人最忌讳说死之类的词语，如果说不好，会让哥嫂犯忌讳。"想到这里，她决定以自己打比方，进行自嘲，再警醒哥嫂。

在与哥嫂见面后，宋大爷夫妇先是与哥嫂寒暄了一会儿，然后宋大爷老伴说："老哥老嫂，我感觉我们六十多岁了好像没啥奔头似的，现在要是再不享受，等到再老点，有福也享不了啊！"哥嫂马上感慨："是啊，都老了，真是没什么奔头了。"宋大爷老伴接着说："别说你们了，就是我们比你们还小几岁，也觉得岁数不饶人啊，平时不是这儿疼就是那儿疼，毛病都出来了，该享受了。"接下来，宋大爷夫妇和哥嫂聊了很久，大家很用心，而且都说了心里话。

为了劝说哥嫂，宋大爷夫妇用自己打比方，说起岁数不饶人，让哥嫂不要再那么操心劳累，也该享受了。这样一来，哥嫂一定不会觉得忌讳，反而会感谢兄弟一家说真心话，也不会影响兄弟之间的感情。

人心是非常微妙的，有的时候一句话说不对，就会祸从口出。尤其是在说那些容易引人忌讳的话题时，不妨以自嘲的方式从自己说起，这样他人也就不会对我们心生嫌隙，还会因为与我们贴心，坦诚相见，反而对我们留下好印象。

任何情况下，人与人的相处都需要坦诚相见，所谓种瓜得瓜，种豆得豆，在人际关系中也是完全符合这个规律的。倘若我们与人相处时能够设身处地地考虑他人的感受，把每句话都说得恰到好处，自然能够博得他人好感，也能够与他人建立良好的关系，从而使我们与他人之间感情深厚，关系融洽，可谓一举数得。所谓自嘲，并非是贬低自我，也不涉及侮辱的成分，恰到好处的自嘲就是用自己打比方给他人听，既警醒了他人，对于我们自身也没有任何损失，何乐而不为呢！而且这种方式很隐晦，可以做到彼此心领神会，无须直截了当地说出口，不得不说是一个人与人之间相处交往的好方法。

第11章

说话要富于幽默——一开口就赢得好感

幽默不但是人生的大智慧，也是人际交往时的必杀技。在与他人交往时，倘若我们能够经常发挥幽默的能力，不但会使人际交往的气氛更加和谐融洽，还能够给他人留下好印象，使彼此间的关系更加亲密。现代社会，幽默能力被提升到更重要的地位，也因此使得人们越来越重视培养自身幽默的能力。如今不仅很多单位招聘重要岗位的职员时会考察对方的幽默能力，即使很多女性在寻找人生伴侣时，也把幽默作为对方必须具备的品质之一提出来，不得不说幽默对于现代人而言已经越来越重要。

故意曲解，气氛反而更加和谐融洽

人与人在交往的过程中都需要依靠语言进行交流，因为彼此脾气秉性各异，也因为每个人的成长背景、教育经历以及各种观念都不尽相同，因而人与人进行交流时总是难免产生摩擦，也会导致彼此间的不愉快。这种情况实际上很容易理解，就像机器运转时间久了需要加入润滑油以起到润滑的作用一样，人与人之间也需要时不时地润滑一下，这样才能保证人与人之间的关系更加和谐融洽，也不至于因为那些鸡毛蒜皮的小事而产生不可调和的矛盾。

当然，调和人际关系、融洽气氛并非我们想象中那么容易，很多时候，作为打圆场的人我们必须非常机智幽默，而且要能够以各种巧妙的心思四两拨千斤，这样才能最大限度地发挥我们自身的能力，也使他人感到更加愉快。

在毕业十年的大学同学聚会上，姜雨突然向几个同学索要手机号码。那几个同学不由得丈二和尚摸不着头脑，说："号码没有换过啊，还是大学时期的号码。你不是有吗？"这时，姜雨突然有些尴尬地说："哎呀，我最近新买了个苹果6，结果被小偷瞄上了，没用几天就被偷走了。这不，手机上的电话号码全都丢失了。"但是姜雨还有其他同学的号码，难道独独缺了这几位同学的？大家其实也心知肚明，因而气氛有些难堪，大家都陷入了沉默之中。这时，心明眼亮的丽娜笑着说：“姜雨啊，你丢了手机也就罢了，谁让你挣钱多呢，再买就是了。但是和手机一起把号码也丢了可就不好了，这岂不是把人都丢尽了么，好说也不好听啊，是不是？”在丽娜的调侃下，气氛这才活跃起来，大家全都你一言我一语地调侃姜雨，之前短暂的尴尬也渐渐烟消云散了。姜雨呢，因为丽娜为他解了围，所以他非但没有责怪丽娜，反而对丽娜千恩万谢，更是跟着大家一起调侃自己，他的难堪这才消除，脸色也由阴转晴。

人与人交往，也许哪句话说得不对，气氛就会马上陷入沉闷和尴尬之中。在这种情况下，我们必须随机应变，哪怕是以调侃的方式，或者故意曲解他人的方式，也必须要打破尴尬，让人与人之间的坚冰消融。在上述事例中，姜雨因为丢了几个同学的号码，所以向同学索要，却不料引起同学误解，因而导致关系突然如同冰封。幸好丽娜脑子转得很快，马上以刻意曲解的方式故意调侃姜雨，这才打破尴尬，让气氛重新活跃起来。假如没有丽娜的故意曲解，也许大家就会误解姜雨，甚至与姜雨产生隔阂，伤害同学情谊，可谓是得不偿失。

当然，以故意曲解的方式给自己和他人解围，打破尴尬时，必须非常了解当时事情的前因后果，因而才能避免犯错。有的时候，有些人脱口而出，话说得莫名其妙，非但无法给他人解围，还会让自己也陷入尴尬的境地。此外，在与陌生人交流时也应该多多注意，在不了解他人脾气秉性的情况下，最好不要以故意曲解的方式与他人开玩笑，否则一旦他人恼羞成怒，则会得不偿失。总而言之，任何方法用在与人交流的过程中都应该慎重，唯有如此，我们才能最大限度地发挥语言的魅力，也让巧妙的语言为我们增色。

民间俗语不可小觑，巧妙运用大有妙处

中国有上下五千年的悠久文化，不但文化博大精深，就连民间俗语、歇后语等，也发展得异常繁荣。尤其是当我们深入民间与人交流时，往往发现那些普通百姓说起话来非常有智慧，这就是经验丰富给他们带来的妙处。当然，要想根据不同的情形巧妙地运用歇后语，我们必须尽量丰富自身的词汇量，尤其要深入民间生活，这样才能多多积累那些说起来朗朗上口、异常生动美妙的歇后语、俗语等，来充实我们自身的语言，让我们的词汇更加丰富翔实。

通常情况下，假如一个人能够在与他人交流的过程中适当使用俗语、歇后语等，就会使交流效率倍增，也能使他人更加乐意听到你生动的表述，从而愿意与你进行良好的交流。当然，俗语和歇后语往往都是从很多含义深刻的故事演变过来的，不过在漫长的历史过程中，它们现在的意思和此前的意思已经有很大的改变。因而我们要想恰到好处地运用这些语言，就必须了解它们背后隐藏的故事，准确理解和领悟它们蕴含的含

义，从而做到正确使用，以免引起误会，或者导致事与愿违。

自从大学毕业之后，乔宇就留在大城市工作了。因为肯吃苦，敢于拼搏，几年之后他已经成为公司的中层领导，可谓事业有成，春风得意。当然，他的薪水也水涨船高，从刚毕业时的四千多，几次加薪，如今已经月薪过万。得知乔宇一个月挣这么多钱，家里有很多亲戚朋友都想向他借钱，更有很多同学仗着和乔宇关系好，也都毫不顾忌地开口。

有一次，有个同学因为要买房结婚，居然张口向乔宇借十万块钱，乔宇既不好意思直接拒绝同学的请求，又实在没有这么多钱借给同学，更因为他自己也想早点买房，因此发自内心地不想把钱借给同学，因而他说："哎，我不是不想帮你，实在也是泥菩萨过河——自身难保。你看，你在老家买房子也就五六十万元，我也正准备在工作单位旁边买房，一平米就要三万多，买个四十平的都要一百多万元。实不相瞒，我也正在四处筹钱呢，所以哥们别怪我，谁让咱们是同年的而且还都赶在一起要成家立业呢！"听了乔宇的话，同学一下子也理解了他的窘境，对于都要娶妻结婚的人而言，房子真是伤不起啊！为此，同学哈哈大笑："听你这么说，你还真是泥菩萨过河——自身难保啊！咱们可真是难兄难弟，好事坏事都赶在一起。"

通过使用歇后语，乔宇准确形容了自己的状况，表示自己甚至比同学更加"亚历山大"，为此，同学也完全能够理解乔宇的意思，因而非但没有怪罪乔宇，反而非常理解乔宇，对乔宇的处境也感同身受。这样一来，他与同学之间的关系非但没有因为拒绝而变得生疏，反而因为彼此都是难兄难弟，因而更加相互理解，感情更深厚了。

人与人之间的交流无法离开语言，语言是沟通的重要媒介之一，因此，我们除了要提高自身表达的能力和技巧，还要学会使用生动活泼的俗语、歇后语等，这样才能让我们的语言变得更加准确生动，才能恰到好处地表达我们的情感，准确表达我们的心意。如此一来，人与人之间的交流自然能变得更加和谐融洽，也能起到事半功倍的效果。

同音不同义，谐音语言妙处多

作为表意文字，中国汉字有很多同音不同义的情况出现。也正因为如此，人们在交流的过程中，面对很多情况，倘若能够灵活巧妙地运用同音不同义的字，就能够起到诙谐的表达效果，也使得交流更加生动有趣。即便是在尴尬的情况下，巧用同音不同义的字表情达意，也能让人转怒为喜，消除尴尬，甚至使得原本难以解决的问题柳暗花明，顺利得到解决，如此一来，岂非皆大欢喜么！

当然，使用谐音字并非每个人都能做到，这要求我们首先要了解字的读音，其次还要了解字的含义，最后才能根据事情发生的情况，灵活使用同音不同义的字。倘若没有一定的文化根底，是不可能做到这一点的。从这个角度而言，掌握谐音字并且将其准确灵活地运用到语言交流中，实际上是一种技巧。毋庸置疑，说话的技巧是有很多的，使用谐音便是其中的一种。当然，任何技巧都不仅仅需要文化知识作为基础，更需要我们多多在语言环境中进行锻炼和提升，也抓住每一个机会向他人学习，这样才能不断提升我们的语言表达能力，使我们成为社交场上的达人。

清朝末期，有个纨绔子弟赴京赶考。他平日里不思进取，从来不读书，连字都认不全，却异想天开，还想考取功名。在答卷最后，这个纨绔子弟在试卷末尾写道："我是李鸿章的亲妻（戚）！"这样一来，他自作聪明地以为考官看到他后台强硬，肯定会放他一马，让他顺利通过考试，也能弄个不大不小的官当一当。不想，考官为人清廉，办事坚持原则，在看到这句让他啼笑皆非的话之后，他几乎不假思索地在试卷后面批阅："既然你是李鸿章的亲妻（戚），我当然不敢娶（取）你。"

明朝时期，有个人特别粗心，不管做什么事情从未有不出错的时候。有一次，他的一个朋友过生日，他特意带了四斤新鲜的枇杷去给朋友祝寿，但是在写礼单时，却把"四斤枇杷"写成了"四斤琵琶"，让人读起来不由得啼笑皆非。朋友过完生日之后，细细品读礼单，看到这句话不由得哈哈大笑起来，特意写了一首打油诗，用来嘲笑他："若非读书识字差，枇杷如何是琵琶；如若琵琶也结果，所有箫管都开花。"后来那个粗心汉看到这首诗，也不由得为自己的同音字乱用羞愧万分。

在第一个事例中，纨绔子弟平日里不思进取，却想在考取功名的时候通过攀附李鸿章得到主考官的偏袒。主考官明正清廉，因而将错就错，顺势而为，作出了让人啼笑皆非却又无可指责的回答。第二个事例中，这个人因为粗心大意，所以把同音字用错了，导致闹出大笑话。

在使用同音不同义的字时，我们既要准确理解字的读音和意思，也要根据场合恰到好处地运用。任何情况下，我们一旦用错同音字，非但无法起到诙谐的效果，反而会使自己陷入被动，成为他人的笑柄，可谓是得不偿失。

颠倒黑白巧幽默，欢声笑语不停声

很多人都存在惯性思维，所谓惯性思维，顾名思义，就是思维已经形成定势，因而很难突破常规，不管面对什么事情总是循着陈旧的思路循规蹈矩地去做，却不知道思维是被用来打破的。我们要想有所创新，有所突破，就一定要能够打破自身的局限性思维，甚至还可以故意本末倒置，黑白颠倒，从而创造出让人忍俊不禁的效果。

要想在交流中妙语如珠，黑白颠倒，金点子好创意频现，我们就要培养自身的发散性思维。打个形象的比方，发散性思维就像一把伞由收拢到分开，往往能够变得如同云朵般朝着四面八方铺开，从而使得我们的思维触角伸到很多角落，也使得我们的思想更加开阔。和单一的直线型思维相比，发散性思维显然具有更加强大的力量。当然，为了打破直线型思维的局限，我们还可以用逆向思维进行思考，这样也能很好地规避传统型直线思维的局限和弊端。总而言之，不管使用哪种思维方式，我们都应该理清思路，唯有保持思路清晰进行思考，我们才能最大限度地发挥自身的能量，为我们与他人的相处营造融洽氛围，协调交流，从而如愿以偿。

很久以前，有个老奶奶整日愁眉苦脸，不管什么时候都满面忧愁，似乎有着很大的悲伤压抑在心里。但是邻居知道这个老奶奶有两个女儿，一个女儿在海边开度假村，每到夏日就生意火爆；还有个女儿在雪山上开度假村，每到千里冰封的日子，游客几乎日日爆满。而且老奶奶的两个女儿都很孝顺，总是定期来看望老奶奶，不但给老奶奶很多钱，还为老奶奶购买很多日用品。既然如此，老奶奶还有什么不满意的呢？又为什么要满面愁容呢？

邻居思来想去，也猜不透其中的缘由，因而实在按捺不住，问老奶奶："老奶奶，您的两个闺女都已经成家立业，事业有成，为何您却闷闷不乐呢？"老奶奶忧愁地说："我的大女儿在海边开度假村，虽然夏天的时候生意好，冬天却冷冷清清，丝毫没有客人光顾。所以每到冬天，我就为大女儿忧愁。我的二女儿呢，在山里开滑雪场度假村，每到夏天同样没人光顾，我怎么能不为她忧愁呢？"邻居这才恍然大悟，不免哈哈大笑起来，说："老奶奶，您的两个女儿都是做旅游业的，必然要根据季节的变化产生淡季和旺季，这是很正常的，您有什么必要伤心沮丧呢！您应该改变想法，您想啊，每到炎热的夏日，您大女儿的生意就会很好；每到寒冷的冬日，您二女儿的生意又会很好。您的两个女儿一年四季都在挣钱，这是您的福气啊，您哪个女儿也不用担忧。”听了邻居的话，老奶奶转忧为喜，禁不住哈哈大笑起来，说：“嗯嗯，你说得很对，我的两个女儿一年四季都有钱赚！”从此之后，老奶奶整日都乐呵呵的。

在这个事例中，老奶奶因为改变了思路，所以从悲伤担忧变为整日笑呵呵的，人生也变得截然不同了。对于老奶奶而言，没有任何事情比女儿们都有好营生更重要，因而邻居得知事情原委之后进行逻辑分析，最终帮助老奶奶摆脱负面情绪，得到快乐和幸福。

不是相声演员也可以抖包袱

生活中总是充满了各种各样的意外，尽管聪明的人机关算尽，也无法预测一切事情的走势和结局。在这种情况下，与其被动地面对，不如临场发挥，关键时刻进行调侃，反而能够转移他人的注意力，也保全自身的颜面。当然，这样的即兴发挥并非是任意妄为，除了要有机智的头脑之外，更要拥有丰富的生活经验，才能根据事发当时的情形随机应变，在最短的时间内作出最快捷的反应。

很多人都喜欢看相声，专业一些的相声粉也知道，相声演员经常在表演中抖包袱。每当他们抖包袱的时候，一定会全场欢乐，令每个观众都捧腹大笑。所谓抖包袱，就是把提前铺垫好的笑料或者是预先设置好的悬念抖落出来，给观众们带来惊喜。实际上，抖包袱并非是相声演员的专利，作为普通人，我们在生活中遇到尴尬或者难以应对的场景时，也可以使用抖包袱的方式，打破尴尬，给在场的人带来欢声笑语。

在担任美国总统期间，里根参加了一次公众聚会，并且发表了公开演讲。正当里根的演讲进行到一半时，他的妻子南希正就坐于主席台，却不知道为何突然连着椅子一起摔倒在地上。南希不愧为第一夫人，反应迅速，马上从地上爬起来。现场的听众全都发出惊呼声，很为第一夫人的安危担心，在确保夫人平安无事之后，听众们都松了一口气，这时里根也轻松地说："亲爱的，咱们不是约定等到演讲无人鼓掌时，你再进行这番表演吗？"里根话音刚落，在场的听众们全都爆发出热烈的掌声，给予机智幽默的里根。

有一次，美国著名的讽刺小说家马克·吐温乘坐火车去某所大学听讲座，因为时间急迫，他坐在火车上心急如焚，偏偏火车却慢得如同蜗牛。后来，检票员前来查票，问马克·吐温："先生，请出示您的火车票。"马克·吐温从怀里掏出一张儿童票递给检票员，检票员认真看了看票，又仔细端详着他，说："真可笑，难道您觉得我会以为您是一个儿童吗？"马克·吐温气定神闲地回答："的确，我如今已经长大成人了，谁让这火车开得太慢呢？你知道的，我买票的时候的确还是个儿童呢！”听了这番话，周围的乘客们都哈哈大笑起来。

从相声的角度而言，里根急中生智为夫人挽回颜面和马克·吐温拿出一张儿童票，都与抖包袱有着异曲同工之妙。正因为他们如此机智，所以里根才能以调侃的方式帮助夫人保全颜面，马克·吐温也才能委婉地指出火车跑得实在太慢，表达了自己的抱怨，又使得大家都忍俊不禁地笑起来，并没有导致任何不愉快，可谓一举两得。

所谓即兴表演，当然属于临场发挥的范畴。每个人在一生之中都会遇到危急的时刻，倘若能够恰到好处地抖包袱，调侃自己，逗笑他人，也就能够缓解当时的尴尬和难堪，从而使得人际交往更加和谐顺利，也使得人与人之间的交流更加融洽愉快。当然，抖包袱的能力并非与生俱来，这需要我们在与他人相处的时候不断地积累经验，多多锻炼自己的思维反应能力，从而提高自身的综合能力和素质，才能做到更好地随机应变。

一针见血，幽默语言有的放矢

曾经有人说，幽默是人类智慧的最高表现形式。既然人们给予幽默如此之高的评价，我们在与人相处时也要发挥幽默的能力，给自己和他人带来快乐。然而，很多人对于幽默都存在误区，有的人觉得幽默是开玩笑，说笑话，其实不然。相比起玩笑和笑话，幽默显然级别更高，也更加高大上。在人际交往时，幽默就像润滑剂，既能够给人们带来快乐，也能够缓和人际之间的关系，还可以帮助人们活跃交谈的氛围，幽默绝不是低俗的玩笑，也不是阿谀谄媚。

当然，人们做任何事情都有一定的目标，当面对他人表现幽默时，幽默也应该做到有的放矢，才能一针见血，一语中的。对于一个懂得幽默的人而言，即使面对尴尬的情况，也能够凭借机智灵活地应对。如果能够恰到好处地运用幽默，则更能够给我们带来意想不到的效果，也使人际之间的交往更加和谐融洽。

有一次，一位美国记者采访周总理。他无意间看到周总理的办公桌上放着一支美国派克钢笔，因而不怀好意地问："总理阁下，听说中国地大物博，您作为中国人，为何要使用产自美国的派克钢笔呢？"面对记者的故意刁难，周总理面不改色，而是不以为然地说："提起这支钢笔，其实说来话长。当年，一位朝鲜朋友在收缴了这个战利品之后，非要将其送给我。我当时无功不受禄，不愿意接受，但是他坚持要送给我，我只得勉为其难地收下了。朝鲜朋友还说，这个战利品意义非同寻常，可以留作纪念，简直盛情难却。就这样，贵国产的这支钢笔就来到了我的办公桌上。"周总理的一番话把美国记者说得哑口无言，满面通红。

作为法国大名鼎鼎的剧作家，贝尔拉非常幽默机智，常常能给身边的人带来欢笑。有一次，他去一家顶级餐馆就餐，侍者送来汤，贝尔拉却摇摇头，说：“我不能吃这种汤。”侍者态度非常好，马上表示歉意，然后端走汤，再次送来菜单，并且耐心等待贝尔拉再次点了一种汤，又下单让厨房抓紧时间做。没想到，等到侍者把厨房新做的汤再次端上来之后，贝尔拉依然摇摇头，说：“我不能吃这种汤。”侍者以为遭到恶意刁难，因而赶紧找来餐厅经理，餐厅经理问贝尔拉：“请问先生，您对这种汤有何不满意吗？刚才您所点的两种汤是我们这里口碑最好的，很多顾客都对其交口称赞呢！”贝尔拉这才笑着说：“我知道这是你们的经典汤品，不过我真的不能吃它。”经理百思不得其解，问：“请问您能说说原因吗？”贝尔拉的回答简直让在场的人都难以自持地笑起来，原来，他一本正经地说：“我没有汤勺。”

面对美国记者的恶意挑衅，周总理气定神闲，最终非但没有让美国记者的阴谋得逞，反而给美国记者来了个难堪。但是因为周总理是以幽默风趣的语调表达的，所以美国记者也对此无计可施，只能哑巴吃黄连——有苦说不出。在第二个事例中，贝尔拉不愧是著名的剧作家，对于语言的运用和情节的把握恰到好处。他最后的那句“我没有汤勺”堪称点睛之笔，给前面铺垫的悬念带来了极佳的幽默效果。如此一针见血、一语中的的回答，让原本心悬起来的餐厅经理和侍者如释重负，非常欢乐。这就是幽默，虽然只有寥寥数语，却能够形成强烈的效果，也使得人们对这样的幽默印象深刻，难以忘怀。

当然，没有人天生就懂得幽默且具备幽默的能力，大多数情况下，人们的幽默都是经过后天培养的，只要养成幽默的习惯，我们就能口吐莲花，也能够给他人留下良好的印象，给自己和他人都带来快乐。总而言之，懂得幽默的人才能处处受人欢迎，才能成为社交场合的宠儿。

幽默不低俗，开玩笑也要把握好尺度

尽管开玩笑也能逗得大家哈哈大笑，或者说几个笑话也能起到逗乐的效果，但是幽默和开玩笑、说笑话是完全不同的。幽默很高雅，绝不恶俗，更不低俗，而是以机智风趣为自己和他人带来快乐。从这个角度上来说，幽默也应该把握尺度。所谓凡事过犹不及，假如幽默缺乏尺度，就会因为过度给他人带来不快，甚至导致我们与他人之间的关系恶化，可谓是得不偿失。

半年前刚刚喝完小甘与梅子的喜酒，亲戚朋友们就又接到电话，被邀请去参加小甘和梅子儿子的满月酒。虽然大家都对此心知肚明，小甘和梅子才刚刚结婚六个月，儿子就满月了，一定是奉子成婚，但是大家都保持缄默，毕竟结婚生子是人生大事，也是人生乐事，何必故意调侃伤害他人的颜面呢！

满月酒当天，很多亲戚朋友都提前到场了，等着吉时开席，张云却因为有点儿事情耽误了，直到开席的前一刻才匆匆赶到。看着大厅里坐满了人，他不由得脑中灵光一闪，决定和铁哥们小甘开个玩笑。只见他把一只包装精美的金笔送给小甘，说："给我大侄子，祝愿他平安百岁，前途无量。"看到是金笔，小甘不由得笑着说："哥们，你这礼物也太超前了吧，我儿子才满月啊，至少要珍藏十年才能用到你这支金笔。"张云突然抬高声调，笑着说："我这个礼物可是因人而异，别人家孩子满月我顶多送身衣服，但是我这个大侄子可是个急性子，居然提早好几个月与我们见面，只怕很快也就能用上金笔了呢！"此言一出，在场的亲朋好友突然都哈哈大笑起来，小甘夫妇则羞愧得满面通红，尤其是梅子，更是狠狠地瞪了张云好几眼，恨不得找个地缝钻进去。这件事情之后，梅子坚决要求小甘与说话不分场合和轻重的张云绝交，渐渐地，小甘与张云之间也就疏远了。一年之后张云结婚，小甘因为担心张云又说出什么不着四六的玩笑话，因而只是托朋友带去了礼金，并没有到场。

在这个事例中，以小甘和张云的关系，如果私下里说些出格的玩笑话当然并不为过，但是张云却在小甘儿子满月的公众场合，公然和小甘夫妇开这么露骨的玩笑，看似幽默，实际上却伤害了小甘夫妇的自尊和颜面，当然会招致小甘夫妇的厌恶。这就是幽默过度的后果，不管是玩笑话，还是笑话，抑或是幽默，我们都要把握好分寸，任何幽默都不能建立在他人的痛苦之上，这是做人做事的原则。

每个人都非常爱面子，尤其是在我们熟悉和亲近的人面前，我们就把面子看得更加重要。因而在与他人交往时，我们必须把握幽默的分寸，即便是关系再好的人，也千万不要以他人的面子问题开玩笑。即使父母对于孩子，也应该在孩子有自尊意识之后多多照顾孩子的颜面，这样才能让孩子自尊自重地成长。

此外，有些朋友也许无法做到很好地把握分寸，那么不妨推己及人，从自身出发，想一想如果他们这样对我们幽默，我们是否能够承受，又是否会感到欢喜。之后再从他人的脾气秉性和性格等方面进行考虑，从而准确把握分寸，不至于惹怒他人，使彼此都陷入尴尬，也破坏原本良好的人际关系。

第12章

说服求人——方法得当才能有求必应

人都是很固执的，尤其是对于那些有主见的人而言，更是不会轻易接受他人的意见或者观点。每当遇到这种情况，我们就不得不试图说服他人，以便达到和谐统一，如此才能进行下一步的谋划。由此可见，现代社会中说服他人是一项非常重要的技能和技巧。不过，还有的时候我们说服他人并非为了让他们顺从我们，而是为了得到他人的慷慨帮助，在这种情况下说服一定不要是生硬的，而应该把握合适的时机进行，还要能够适当服软，才能如愿以偿。

既然足够强大，又何妨偶尔示弱

一直以来，人们都觉得软弱是弱者的代名词，因而对于软弱也敬而远之，尤其是那些心理强大且能力超群的人，更是从来不愿意表现出软弱的一面。这就渐渐诞生了职场上的强人，倘若是女性朋友如此表现，还会被冠以“女强人”的称呼。也许以前“女强人”对于职场女性而言是个褒义词，但是随着时代的发展，人们看待人和事也开始习惯于用发展和辩证的眼光，时至今日，女强人已经不再是纯粹的褒义词，甚至有的时候被用来特指女性朋友们过于独断专行，无法柔软行事。

毋庸置疑，女性和男性在生理和心理上相比存在一定的弱势，在这种情况下，假如女性朋友想要和男性平分秋色，必须付出加倍的努力，甚至还要以伪装的坚强给自己鼓劲。在这种情况下，很多职场女性也就变得越来越坚硬，就像给自己原本柔软的心裹上了一层厚厚的壳。难道在这种情况下就能以硬碰硬了吗？答案当然是否定的。很多时候，我们以硬碰硬依然是以卵击石，在这种情况下不如反其道而行，所谓百炼钢化成绕指柔，倘若能够做到以柔克刚，适当示弱，反而会有意外的收获。真正的强者绝不是不计后果地以硬碰硬，而是能够审时度势，取得双赢的圆满结果。

大学毕业后，自视甚高的李林经过无数次面试，才进入一家自己心仪的大型企业工作。他年纪轻轻，血气方刚，自恃名牌大学研究生毕业，因而进入公司之后心比天高，甚至不把很多老员工放在眼里。

有一次，经理让李林负责做一份新产品的策划方案，李林很快就做好了，喜滋滋地拿给经理看。原本，他以为经理一定会拍掌叫好，没想到经理非但没有对李林的策划案表示认可，反而给了李林一个下马威，说：“你的策划案虽然有创意，但是火候还差得很远，不够成熟，拿回去继续修改吧！”李林有些沮丧地拿着策划案往外走，在经理门口碰到了公司的王牌策划安波。安波看到李林蔫头耷脑的样子，笑着说：“策划案被退了吧！”李林正在恼火呢，因而没好气地对安波说：“关你什么事！”说完，李林就气鼓鼓地走了。接下来的一周时间里，李林把策划案反反复复修改了好几遍，但是每次经理都说让他再改改，他实在无计可施，不由得想到了安波。毕竟安波是公司的王牌策划，想到这里，李林只好拿着策划案去找安波，向他讨教：“安前辈，我的策划案总是通不过，您能不能给我指点一下？”安波不以为然地说：“您可是堂堂的硕士毕业生，我呢，也就是个小小的专科，如何能指点你呢！你还是另请高明吧！”李林知道安波还在生气呢，也意识到自己上次的确有些过分，因而陪着笑脸说：“安前辈，您大人不记小人过，别和我计较。我就是驴脾气，得罪您的话您多多海涵。还求您一定要指点我啊，公司里谁不知道您的策划案全都是一次通过，您的经验那么丰富，请受徒儿一拜！”李林的这番话把安波说得笑了起来，只好尽释前嫌，用心地对李林指点一番。果然，在经过安波指点之后，李林只是稍微改动了策划案，就顺利通过了经理的考核。

心高气傲的李林原本不把任何人看在眼里，但是无奈策划案几经修改都无法通过，因而只好觍着脸再去求安波帮助。安波当然会借此机会报上次的仇，因而对李林爱搭不理。不过既然是求人帮忙，李林也很聪明，情商很高，马上低头示弱服软，最终让安波尽释前嫌，尽心为他指点。如此一来，李林的策划案才通过经理审核，他也从安波那里学到了很多东西。

在人与人合作越来越密切的今天，没有人能够仅凭一己之力就叱咤职场。要想让自己的工作更加顺利，我们必须学会适当示弱，尤其是在向他人求教的时候，更应该放低姿态，这样才能如愿以偿地得到他人的帮助。不过需要注意的是，适当示弱和服软，并非让我们低声下气地去求人，而应该把握好尺度。要知道，任何事情都不是我们放弃做人原则和底线的理由，我们必须把握好低头的尺度，才能一举两得，既顾全了自己的做人底线，也如愿以偿地得到他人帮助。

平和心态，急于求成反而不成

很多人做事情都心急火燎，恨不得一口吃成个胖子，就连向他人求助也是如此。殊不知，这个世界上根本没有一蹴而就的事情，尤其是当事情难度比较大而且也很难办的时候，我们向他人求助就更要讲究方式方法。如果把自己当成上级对他人发号施令，则求助往往无法实现，更不可能得到他人的慷慨帮助。所谓心急吃不了热豆腐，很多情况下，人们总觉得催促能够使事情更快，却不知不合时宜的催促反而会给他人留下恶劣的印象，导致事与愿违。因而，我们不管什么时候都应该保持心境的淡定平和，尤其不要犯欲速不达的错误。

不管是在生活中还是在工作中，每个人都有可能遇到需要求助的情况。所谓求人，不是强迫，更不是颐指气使，尤其是在必须采纳权威人士的建议时，我们更要付出足够的耐心，等待他人给出回应。有些人一旦着急，说起话来急赤白脸的，很容易使人产生误解。面对生活的诸多挫折和失败，面对那些突如其来的危机，急迫是没有任何作用的，反而会因为手忙脚乱导致事情恶化。既然我们最根本的目的是让问题得以解决，我们就应该更加宽容平和，才能取得最圆满的结果。

自从结婚以来，小薇和强东的信用卡就绑定了对方的手机，美其名曰这样可以相互监督节制消费，其实也是为了攒钱买房考虑。刚开始时，他们倒也相安无事，每次想要刷卡之前都会想一想这笔消费是否是必须的，能否得到对方的认可。直到有一次，强东为了给妈妈买个手机，刷卡消费了两千多，小薇在手机接到短信之后马上打电话过去气势汹汹地问："强东，你的信用卡怎么回事，怎么一下子消费了两千多啊！"强东听到小薇的话有些着急，未免也有些不愉快，只说了声：

“我有用，你别管了！”就挂断了电话。小薇越想越生气，马上又打电话过去质问：“你不是说任何消费都要透明吗？你现在立刻马上告诉我，你到底干什么花了这么多钱，你可别告诉我你是吃今天的午饭用了！”此时此刻，强东正和妈妈在一起呢，听到小薇声色俱厉的话未免有些难堪，也觉得在妈妈面前丢了面子，因而怒斥一声：“行了！”再次挂断电话。

可想而知，下班之后等待着强东的是小薇阴沉的脸，但是强东也并不觉得自己错了，反而觉得小薇情商太低，因而也面色严肃，丝毫没有认错的意思。直到两人大吵一通之后，强东才说：“我给我妈买了手机，你有必要一接到短信就马上问吗？也不想想我的脸面往哪里搁？”小薇更生气：“这种大额开销以后必须经过我的同意，我有大额开销的时候不也会提前告诉你么！尊重是相互的，你要是不把我放在眼里，以后我也这么对你！”就这样，小薇和强东你一言我一语，争吵非但没有减弱，反而逐渐升级，最后闹得很不愉快，几天之后才渐渐和好，彼此心里却都有了疙瘩。

在这个事例中，小薇收到消费的实时短信，其实应该能想到强东正在消费，完全可以缓一缓，或者稍等片刻再问，或者等到晚上下班回家再问。错就错在小薇太过心急，一个电话接着一个电话质疑强东，导致强东觉得颜面受损，自然奋起反抗，维护自己的面子。

越是在着急的情况下，我们越是应该保持理智和冷静。因为愤怒总是会冲昏人们的头脑，让人们做出失去理智的事情或者不假思索地说出失去理智的话来。在这种情况下，我们唯有保持情绪的平静，才能找到最佳的方式处理和解决问题，也才能让人际关系更加和谐融洽，不至于因为原本微不足道的小问题就导致矛盾升级。要想做到心平气和，我们首先要让自己拥有博大的胸怀，人世间除了生死，凡事都是小事，根本不值得我们大动干戈。此外还要学会设身处地地为他人着想，这样才能够更加理解和体贴他人，使彼此间关系融洽友好。

以情动人，以理服人

要想成功说服他人，就不能因为自以为是而对他人颐指气使。要知道既然你坚定不移地认为自己是对的，那么他人也同样会坚持自己的观点，由此一来无异于以硬碰硬，最终的结果很难估量。还有些时候，长辈说服晚辈，或者上级说服下级，未免会犯官大一级压死人的错误，总是对他人指手画脚。这时，你应设身处地地问问自己，你愿意被他人命令吗？如果答案是否定的，那么不管你辈分多高，也不管你身为领导多么高明，都不要如此对人下命令，否则就会导致对方产生逆反心理，最终只能事与愿违。

毋庸置疑，说服是需要技巧的，而且技巧非常多。要想说服他人心甘情愿地改变，我们最好的办法就是晓之以理，动之以情，这样在成功说服之后他人才会心服口服，不会心不甘情不愿。举个最简单的例子，倘若我们以高压政策暂时强迫他人服从我们的意愿，那么在时效过去之后，他人会怎么做呢？必然奋起反抗，或者不顾我们的意见只遵从自己的心意，由此可见高压政策的效果只能维持短暂的时间，也因为被说服者心不甘情不愿导致效果令人担忧。真正的说服，是一劳永逸的，在费尽口舌和心思说服他人之后，他人真正地改变心态，从而在任何时候遇到相类似的问题都能作出正确的决定，这才是成功的说服。

因为腿部骨折，乐乐不得不休学一年在家休息。为此，他足足长胖了二十多斤，从一个匀称的小男孩变成了小胖子。骨折恢复之后，爸爸决定带着乐乐一起健身减肥。每天下午放学之后，爸爸都会带着乐乐一起去附近大学的操场跑步。因为不懂得运用气息，乐乐跑得气喘吁吁，就像老牛一般。爸爸教会乐乐正确的呼吸方式，笑着说乐乐气喘如牛，乐乐不服气地说："难道你像我这么大的时候就知道跑步时如何呼吸了吗？"爸爸有些愠怒，和乐乐你一言我一语，不由得呛起来。

这时，在一旁的妈妈问乐乐："乐乐，假如现在有两个孩子，一个孩子十岁的时候还不知道如何学习，直到十八岁才摸索出学习的好方法；但是另一个孩子十岁的时候就已经掌握了学习的好方法，你觉得第二个孩子是应该现在就用此方法努力学习，还是要再等八年，和第一个孩子一样长到十八岁再用功学习呢？"乐乐想了想，说："当然是从现在开始用功，等到十八岁时一定能学到更多的知识。"妈妈夸赞乐乐："乐乐很聪明，作出了正确的选择。爸爸十岁的时候跑步肯定也不会运用气息，因为根本没有人教他。他一定是等到十八九岁考入大学之后，才在老师的指点下学会跑步时运用气息的。但是你却很幸运，你才十岁，爸爸就告诉了你跑步时正确的呼吸方法，你觉得自己应该怎么做呢？”乐乐想了想，说：“我以后会学着用正确的呼吸方法跑步。”

在妈妈的循循善诱下，乐乐从故事中领悟到道理，从而作出了正确的选择。倘若妈妈不从中协调，也许乐乐在与爸爸相互斗嘴的过程中会与爸爸发生矛盾，导致不愉快。幸好妈妈很聪明，以一个小故事教会乐乐道理，帮助乐乐作出了正确的选择。所谓晓之以理，动之以情，就是这样真正说服他人发自内心地领悟道理，作出正确的选择。

现代社会，生活节奏越来越快，工作压力越来越大，很多人都已经没有时间为说服作出更多努力。人们习惯了快刀斩乱麻，也习惯了稳准狠的为人处世风格，殊不知很多时候我们必须耐心对待他人。所谓慢工出细活，只有真正说服他人，让他人发自内心地接受我们的观点，我们才能真正打动人心，让说服变得一劳永逸。

先成为他的自己人，再和他说“咱们”的事

自古以来，关于利益的词语很多，诸如无利不起早，人为财死、鸟为食亡等。其实，人们追逐利益并没有错，毕竟人的本性是自私的，人们也习惯了从自己的角度出发谋求利益。然

而，在说服他人的过程中，我们倘若能够把自己与他人的利益结合起来，则利益就会变成所有人的共同利益，由此一来说服他人也会变得容易得多。这就是同盟军效应。

众所周知，在战场上，对于同一个战壕里的战友，彼此之间一定有着深厚的情谊。面对敌人的炮火轰炸，战友们更是不惜付出生命也要掩护其他战友，这是因为此时此刻战友之间不分彼此，他们共同的目标就是打败敌人，唯有如此，大家才能活下去。倘若因为斤斤计较贻误了战机，非但一个人无法苟活，也会连累所有战友丢掉性命。尽管现代社会处于和平年代，战争已经远离我们的生活，但是道理却是相同的。不管是生活中还是职场上，人们彼此之间要想同仇敌忾，也需要结成同盟军，让彼此的利益相关，才能真正做到万众一心，向着共同的目标努力。

战国时期，为了保住“和氏璧”，蔺相如一个人带着“和氏璧”出使秦国，面见秦王，最终以自己的机智勇敢，成功保全了“和氏璧”，实现完璧归赵。为此，赵王非常欣赏蔺相如的勇气和智谋，不但给予蔺相如很多赏赐，还把蔺相如提拔为上卿，官位比战功赫赫的老将军廉颇更高。

看到蔺相如仅凭三寸不烂之舌就位居自己之上，廉颇很不服气。他仗着自己为国家出生入死，功勋卓著，因而四处扬言：“我为了赵国几次险些失去性命，却依然驰骋沙场，为赵国开疆拓土。这个蔺相如不但身份卑微，而且没有任何功劳，居然只是说了几句无关痛痒的话，官位就在我之上，这简直太不公平了。有朝一日我只要见到蔺相如，一定会使劲羞辱他，让他无地自容。”很快，这些话就传到蔺相如的耳中，他从此之后总是处处躲避廉颇，就连上朝都称病不去。有一次，蔺相如正准备驾车出门，远远地看到廉颇的马车驶过来，因而赶紧让车夫把车拐进附近的巷子里，等到廉颇的马车走远了，他才让车夫继续驾车出行。那些门客看到蔺相如居然如此忌惮廉颇，不由得纷纷商议要离开蔺相如。他们找到蔺相如说：“我们仰慕君子大名，才抛家舍业前来投奔君子，为效力君子。不想君子如今如此胆小怯懦，请允许我们告辞吧！”蔺相如说：“你们觉得，秦王和廉颇将军谁更厉害？”门客们不假思索地回答：“当然是秦王更厉害。”蔺相如说：“我既然连秦王都不害怕，难道还会怕廉将军吗？我如今之所以处处躲避廉将军，是因为秦王之所以对赵国虎视眈眈，却从来不敢轻举妄动，就是因为忌惮我和廉将军。所谓两虎相争必有一伤，倘若我和廉将军内斗，秦王就会趁虚而入，赵国的安危还如何保证？我让着廉将军，是为了国家社稷啊！”听了蔺相如的一番解释，门客们全都感动不已，都决定继续追随蔺相如，并且处处避让廉颇。

后来，廉颇知道蔺相如的苦心之后深受感动。他羞愧地脱掉上衣，赤裸着上身背起长满刺的荆条，去蔺相如家里请罪。蔺相如得知廉颇来了，马上迎出门外，并且亲手帮助廉颇解掉背上的藤条，从此以后与廉颇成为了好朋友，一起为赵国效力。

面对廉颇的咄咄逼人，蔺相如以国家利益为重，处处避让，他的高风亮节和广阔的胸襟，最终感动了廉颇，也使得廉颇认识到自己与蔺相如针锋相对，最终将会影响到国家社稷，也会使得百姓遭殃。为此，他才能够以国家利益为重，对蔺相如负荆请罪，最终与蔺相如成为好朋友，一起为赵国效力。在共同利益的面前，识大体的人总是能够从共同利益出发，与那些和自己利益一致的人结成同盟军，相互扶持，倾心帮助，从而使得共同利益有保障。

朋友们，我们在说服他人时，也不妨以共同利益为出发点，展开说服工作。唯有如此，我们才能得到真正可靠的同盟军。有位名人曾经说过，这个世界上没有永远的敌人，只有永远的利益。在共同利益面前，敌人都可以转化为朋友，更何况是普通人之间呢！只要我们的说服有理有据，打动人心，就一定能够获得成功。

互惠心理，让你以退为进如愿以偿

在心理学上，有一种互惠效应，意思是说人们在得到他人的恩惠之后，必然会回报他人。表现在日常生活中，小到小朋友之间彼此交换好吃的，大到国与国之间遵循礼尚往来的原则，受人恩惠之后时刻牢记互惠原则，总是找机会回报于他人。这些都符合互惠效应，都是互惠效应的体现。其实，以人类的智慧，早就知道互惠效应的存在，诸如种瓜得瓜，种豆得豆，说的就是互惠效应。我们付出了什么，也必然收获什么；

我们只有先付出，才能得到他人相应的报偿，使人际关系进入良性循环，最终更加和谐融洽。

假如是在说服他人或者是谈判的过程中运用互惠心理，则一定能够以退为进。既然我们主动作出让步，他人作为回报也必然对我们进行退让，如此一来，我们就能轻而易举地实现退一步进两步，这实在是高明的谈判和说服方法。倘若能够运用娴熟，一定会给谈判和说服工作加分，使得进展更加顺利，效果也事半功倍。

1992年，美国著名的象棋选手鲍比·费舍尔进入当时正在遭到美国制裁的南斯拉夫境内参加象棋比赛，最终被美国法官以“违反国际制裁令”为由，发出了针对他的全球通缉令。费舍尔被逼无奈，只好向世界求援。因为美国实力强大，所以有很多国家都不愿意对费舍尔伸出援手，因为他们不敢也不想得罪美国。这时，小小的国家冰岛不顾美国政府施加的压力，更对美国政府的反对视若无睹，以绝对性投票优势全国通过邀请费舍尔加入冰岛国籍的决议。冰岛为何要冒着得罪美国的风险接纳费舍尔呢？这看似令人不解，实际上却有历史渊源。

原来，冰岛首都雷克雅未克曾经于1972年面向全世界举办了国际象棋世界冠军挑战赛，在此之前，苏联称霸棋坛24年，始终包揽象棋比赛的冠军。费舍尔参加了这次比赛，向苏联的冠军选手挑战，最终赢得了这场比赛，成为国际象棋史上当之无愧的第11位世界冠军。由此一来，冰岛也随着这场比赛被越来越多的国家关注，从此一举成名。对于费舍尔，冰岛媒体曾说："假如没有费舍尔，冰岛无法在世界地图上占据自己的位置。"正是为了表达对费舍尔的感激之情，所以冰岛人以绝对优势的选票支持费舍尔加入冰岛国籍。

人与人相处，国家与国家之间，甚至国家与个人之间，都是讲究互相回报的。今日你对我的好，也许明日就会变成我为你鞍前马后的理由。为了帮助费舍尔，冰岛甚至不惜冒着得罪美国、与美国为敌的风险，由此可见冰岛全国的民众对于费舍尔是多么感恩。人都是有感情的动物，理智在感情面前总是略处于下风。在相处的过程中，几乎每个人都在寻求心中的平衡点，这既包括得到也包括付出。大名鼎鼎的考古学家理查德·李基曾经说："正是因为我们的祖先能够礼尚往来，公平地分享食物和狩猎的技能，所以人类才能发展至今。"由此可见，互惠心理由来已久，我们每个人都应该掌握互惠原则，这样才能在人际交往中如鱼得水，也才能在谈判和说服的过程中如愿以偿，随心所愿。

旁敲侧击，让说服水到渠成

说服的方法有很多，既可以开门见山直截了当，也可以旁敲侧击，说服他人于无形。尤其是在遇到他人抵触的情况下，与其继续硬碰硬，强迫对方接受我们的意见和观点，不如采取迂回曲折的策略，旁敲侧击地说服他人，从而使说服隐藏于无形，也能够让说服水到渠成。由此一来，说服非但不会引起他人的逆反心理，反而能够事半功倍，效率倍增。

从争辩的角度而言，说服是一场唇枪舌战；从艺术的角度而言，说服是一门艺术。要想让说服起到艺术的效果，我们就要精心策划，这样才能让艺术的气息弥漫在说服之中，使被说服者只顾着享受艺术的美好，而丝毫无暇顾及被说服的不悦。如此一来，说服也就变成了一件让人愉悦的事情，从而避免了人们的抵触心理和逆反心理，因此能够水到渠成。

18世纪时，作为法国大名鼎鼎的哲学家，丹尼斯·狄德罗一生清贫，非常节俭。很多朋友都劝说他换掉陈旧的家具，但是他无论如何也不听。为此，一个朋友思来想去，最终想出了一个好办法。这个朋友送了一件睡袍给他，睡袍是用上好的丝绸做成的，雍容华贵，做工精致，他对此视若珍宝，经常穿着这件奢华的睡袍在书房里踱步，思考哲学问题。然而，他渐渐发现那些陈旧的家具与这件睡袍格格不入，而且就连地上铺着的地毯也显得面目可憎，针线粗鄙。最终，为了让周围的环境搭配上这件睡袍，他不但更换了陈旧的家具，还铺上了新地毯，直到书房焕然一新，他才觉得心旷神怡，心情愉悦。最终，突然醒悟的他不由得感叹万千："真没想到，一件睡袍居然就使我妥协了。"在心理学上，这种现象被称为"狄德罗效应"。假如我们能运用此效应说服他人，也能够收到异曲同工之妙。

作为一名保健品推销员，苏珊的销售业绩始终在公司里名列前茅，其他的销售员都被她远远甩下，这让大家都觉得很奇怪。不过，苏珊自有销售秘诀，她从来不像大多数推销员那样喋喋不休地说产品多么好，而是对产品进行现身说法，让她那些老客户帮助她说服新客户。由此一来，推销效果马上显现出来，苏珊的销售工作也变得异常轻松。

今天，苏珊就自己掏腰包举行了一场产品推介会。由于她代理的产品主要是针对老年消费者，因而她轻而易举地就邀请到很多潜在的顾客到场。她准备了很多水果和甜品，还有好喝的饮料，这样一来那些老顾客就会现身说法，与潜在顾客畅所欲言地聊天。因为都是差不多年龄层次的人，所以新老顾客很快就聊得热火朝天，苏珊只要在一旁准备好产品资料和认购单，等着潜在顾客心动来购买即可。

苏珊的销售策略就是典型的旁敲侧击法。其实，推销工作本质上和说服也没什么区别，只不过推销工作是说服客户购买产品而已。但是假若推销员口若悬河地推介产品，无疑会引起潜在顾客的警惕，也会导致他们产生防范心理。如果同样的话换作曾经的消费者来说，则效果大大不同。尤其在当曾经的消费者与潜在顾客有很多共同语言，即使不说产品也有很多话题可畅聊的情况下，旁敲侧击的效果就会更好。如此一来，苏珊只需要付出小小的费用，就能坐收大批订单，可谓一劳永逸，收获满满。

和直截了当的说服相比，旁敲侧击的说服显得没有那么功利，也不会给人以急功近利的感觉。因为说服工作是从侧面展开的，往往是在被说服者不知不觉之中进行，因而效果显著，甚至会给人意外的惊喜。倘若我们在日常生活中说服他人时也采取这种办法，则很有可能使他们心甘情愿地转变，这岂不是比强迫被说服者改变更好吗？要是想成为高明的说服者，朋友们一定要掌握这个不动声色的好方法哦！

点将不如激将，你会用激将法吗

在说服他人的过程中，如果你知道对方是个非常执拗的人，即使你好话说尽，对方也依然无动于衷，那么你不如调整思路，反其道而行，改变方法，从而一招致胜。常言道，点将不如激将，倘若我们已经用尽方法却不能起到预期效果，那么激将法就是最终的好办法，往往会让我们的说服工作在山穷水尽中柳暗花明。

所谓激将法，顾名思义，就是正话反说，导致对方被激怒，产生逆反心理，因而最终反而让你如愿以偿。当然也要区分对象，对于那些不服输的人而言，激将法是屡试不爽的好办法；倘若对方是个蔫头耷脑也容易认命的人，而且非常自卑，则激将法非但无法起到正面效果，反而会使对方彻底放弃努力，就此破罐子破摔。由此可见，激将法一定要用在了解的对象身上，否则就会弄巧成拙，导致事与愿违。

近来，妈妈发现对于已经读四年级的乐乐，再用紧盯的方法督促他学习已经不管用了，因为乐乐每次被妈妈唠叨都会恼羞成怒，对妈妈亦步亦趋的管教也心烦不已。眼看着已经到了学期末，还有一个多月就要期末考试，妈妈也的确有些厌烦了，在再次因为作业问题与乐乐起冲突之后，妈妈决定采取激将法。

妈妈对乐乐说：“你还真别厌烦，你以为你学习成绩都是你自己的功劳吗？我告诉你，里面也有我一大半的功劳。别觉得我愿意管你啊，其实我恨不得不管你，但是你能保证期末考试继续保持现在的学习状态，考取前十名吗？如果你能保证，我就不管你，如果你兑现诺言，五年级我继续不管你。但是如果你做不到，以后小学阶段的学习就由我说了算，我不管说什么你都不能提出异议。你敢立这个军令状吗？”乐乐被妈妈一番激将，也豪情顿生，居然拿出纸笔立下了军令状，和妈妈分别签字按手印，还让爸爸当了见证人。由此，妈妈在接下来一个多月的时间里再也不用管乐乐学习；乐乐呢，也卯足了劲为自己争取五年级的学习自由。

其实，妈妈的目的就是让乐乐具备自我约束能力，不管做什么事情都能主动积极，而省去她工作之余还要盯着乐乐的苦恼和劳累。为此，妈妈借助合适的机会激得乐乐主动立下军令状，她也正好借此机会培养乐乐的独立自主能力。毕竟学习是孩子自己的事情，如果总是要在父母的督促下才能进行，那么很难有所成效。这就是激将法的好处，往往能够让他人在无形之中就中了我们的“计谋”，也帮助我们轻而易举地实现心愿，如愿以偿。

朋友们，假如你们很想说服他人，又无法凭借自己的三寸不烂之舌真正说服他人，那么不妨使用激将法，让他们在无形中接受你们的建议，按照你们所期望的方向去做。由此一来，你们一定能够如愿以偿，达成心愿和目的，又因为激励对方主动自发地去努力，从而省去了不停督促他人的劳累之苦，可谓一举两得。

与其强迫，不如试试“戴高帽”的方法

倘若交流的过程中沟通不得法，说服就收效甚微，甚至毫无效果。在这种情况下，有些说服者会因为心浮气躁，因而恨不得强迫对方必须接受他们的观点，甚至命令对方采纳他们的意见。殊不知，每个人都有自己的独特个性和见解，也不会轻易接受他人的指挥，所以强迫只会导致事与愿违，一旦激起被说服者的逆反心理，甚至还会让事情朝着相反的方向发展。任何事情都要审时度势，因而作为说服者，我们也应该根据情况不断地调整方针和策略，从而随机应变，顺势而为。在被说服者心高气傲的情况下，与其强迫对方，不如试着给他们戴个“高帽子”，也许适当的恭维反而能够让他们心甘情愿地配合我们，改变想法。

最近小马遇到了麻烦，仅凭自己的力量根本无法顺利渡过难关，因而他想到了求助于张骞。张骞是小马公司里的技术总管，据说在从事管理岗位之前，一直是全公司技术最强的

牛人。眼看着自己遇到的技术难题，尽管小马请教了好几个同事，还无法解决。无奈之下，尽管他觉得张骞为人高傲，也只得向张骞请教。

一天下午，小马带着一盒绿茶敲开了张骞办公室的门。不等张骞开口问，小马就主动说："张总，我在进公司之前就听说您在业内是大名鼎鼎的前辈，而且有很多传奇的故事。后来仰慕您的大名来到公司，成为您的同事，却因为一直都觉得自己才疏学浅，从来不敢向您求教。这次的确是遇到了难以解决的棘手问题，不然我肯定不会来打扰您。就请您高人出手，救我于水火之中吧。"这样开门见山的一番恭维话，非但没有让张骞感到厌烦，反而令他眉开眼笑地看着小马，说："到底什么难题啊，值得你说这么多好听的话！"小马笑了，说："哎，其实在我们这些晚生后辈眼里是难题，在您眼里也许就是小菜一碟。我的电脑遭遇了一个技术故障，之前所有的文件都找不到了，里面有很多是未完成的项目资料，万一丢了，我几个月的心血就都白费了。总而言之，张总，您一定要救我呀！对了，听其他同事说您喜欢喝绿茶，我给您带来一盒家乡的明前茶，您尝尝。"在小马的"甜言蜜语"之下，张总的心里就像乐开了花。他马上询问小马具体的情况，并且很快就想到办法帮助小马找回了电脑里的各种文件。由此，小马真诚地感谢："真是老将出马，一个顶十。张总，幸亏有你啊，不然我简直欲哭无泪啊！"

在这个事例中，小马之所以能够请得动心高气傲的张总，完全是因为他很善于说恭维话。而且他的恭维话听起来非常真诚，拍马屁也不露痕迹，因而让张总听了之后心花怒放，非常受用。

每个人都是有虚荣心的，在说服他人的过程中，假如我们试过各种方法都不管用，不如就采取恭维的方式满足对方的虚荣心，反而能够收到良好的效果。当然，需要注意的是使用恭维的方法一定要分清楚对象，有些人非常较真，面对恭维不但不买账，反而会算清账。对于这样的，还是谨慎恭维为好。相反，对于那些与人为善或者自视甚高的人，恭维则是结交他们的最好方法。当然，恭维也要选准时机。倘若时机不对，再好的恭维方法都没有用。人们常说，赠人玫瑰，手有余香，其实恭维他人，满足他人的虚荣心，也是在满足自己的需求和渴望。所谓有付出就有回报，任何时候我们都应该主动付出，才能得到他人的真心回报。

将心比心，才能最大限度地打动人心

所谓将心比心，就是用我们自己的心来考虑他人的心，设身处地地为他人着想，也因此更加理解和体贴他人，从而最大限度地打动他人的心，使他人接受和采纳我们的意见或者建议。如此一来，尽管人心隔肚皮的情况依然存在，但是人心之间却少了很多隔阂，拥有了更多的理解和尊重，也使得人际关系更加和谐融洽，相处顺利。

在说服小南就近填报大学志愿一事上，父母已经进行了很多努力，却根本无法改变小南的想法。原来，小南是父亲五十岁时才有老来子，虽然如今小南才二十岁，但是父母却都已经年近古稀了。作为父母，他们当然不愿意让这唯一的孩子走得太远，牵挂不说，也禁不住想念的煎熬。然而小南却不这么想，他一心一意地想要离开家，走得远远的，摆脱父母的庇护，去过属于自己的自由自在的生活。由此，小南和父母最近一个月来陷入持续冷战，谁也不愿意妥协。

无奈之下，父母只好找来小南的表哥来劝说小南。小南看到很久未见的表哥突然出现在眼前，没好气地说："表哥，如果你也是来劝我的，那就请打道回府吧！"表哥笑着说："我可不是来劝你的，我是来鼓励你的。年轻人嘛，就应该四处走走看看，才能开阔眼界，知道世界有多大。"小南惊讶地看着表哥，似乎不相信表哥真的是来鼓励他的，又仿佛突然想起什么似的，问："表哥，既然外面那么好，你怎么前几年回来了呢？我记得小舅说你当时在外面工作什么的都很好呀！"表哥无奈地说："谁让我是家里的独子呢！你也知道我爸身体不好，前几年突发脑溢血，我只得回家来守在他身边啊！其实我都后悔了，当初没出去的那些同学如今全都混得挺好，但是像我这样在外面几年的，回家之后反而没有基础，一切都要重头再来。兄弟，古人说得好，父母在，不远游，这句话用在咱们这一代独生子女身上，还真是贴切。"听了表哥的话，小南陷入了沉思：我的父母比小舅还年长几岁，这也就是他们身体好，身体不好的话早就需要人在身边照顾了，难道我能安心地有多远走多远吗？最终，小南经过慎重思考，决定听从父母的建议，留在省城读大学。这样万一父母需要照顾，也能离得近一些。

表哥没有直接劝说小南，而是以自己作为事例，让小南联想到自身的实际情况，从而帮助小南作出了正确的选择。所谓推己及人，每个人在考虑问题时难免都会由他人联想到自己，表哥正是利用了小南这样的心理，才成功说服小南的。而小南之所以没有像排斥其他说客那样排斥表哥，也正是因为表哥首先认可了他的想法，所以他才能心平气和地听表哥说完下面的话。在这样的情况下，将心比心能让说服的效果发挥得最好。

常言道，人心都是肉长的。这句话的意思就是告诉我们，人同此心，心同此理。任何情况下，我们都要记住己所不欲，勿施于人。我们只有将心比心，才能给他人提出最中肯和切合实际的建议，从而给他人最好的说服。

参考文献

[1]卡耐基. 女人受益一生的口才课[M]. 雅楠，译. 苏州：古吴轩出版社，2014.

[2]崔挚妍. 女人受益一生的12堂口才课[M]. 北京：化学工业出版社，2016.

[3]龚建伟. 好习惯，好口才，好性格[M]. 北京：中国华侨出版社，2013.

[4]邓涵兮. 别输在不会说话上[M]. 北京：中国纺织出版社，2014.